中国古代礼仪

王烨 编著

中国商业出版社

图书在版编目（CIP）数据

中国古代礼仪／王烨编著．——北京：中国商业出版社，2015.10（2021.1 重印）

ISBN 978－7－5044－8544－1

Ⅰ.①中… Ⅱ.①王… Ⅲ.①礼仪－中国－古代 Ⅳ.①K892.9

中国版本图书馆 CIP 数据核字（2015）第 229243 号

责任编辑：唐伟荣

中国商业出版社出版发行
010－63180647　www.c-cbook.com
（100053 北京广安门内报国寺 1 号）
新华书店经销
三河市吉祥印务有限公司印刷

*

710 毫米×1000 毫米　16 开　12.5 印张　200 千字
2015 年 10 月第 1 版　2021 年 1 月第 2 次印刷
定价：25.00 元

* * *

（如有印装质量问题可更换）

《中国传统民俗文化》编委

主　编	傅璇琮	著名学者，原国务院古籍整理出版规划小组秘书长，清华大学古典文献研究中心主任教授，原中华书局总编辑
顾　问	蔡尚思	著名历史学家，中国思想史研究专家
	卢燕新	南开大学文学院副教授
	工永波	四川省社会科学院义学研究所副研究员
	叶　舟	中国思维科学研究院院长，清华大学、北京大学特聘教授
	于春芳	北京第二外国语学院教授
	杨玲玲	西班牙文化大学文化与教育学博士
编　委	陈鑫海	首都师范大学中文系博士
	李　敏	北京语言大学古汉语古代文学博士
	赵　芳	出版社高级编辑，曾编辑出版过多部文化类图书
	韩　霞	山东教育基金会理事，作家
	陈　娇	山东大学哲学系讲师
	吴军辉	河北大学历史系讲师
	石雨祺	出版社高级编辑，曾编辑出版过多部历史类图书
	王　欣	全国特级教师
策划及副主编	王　俊	

序　言

中国是举世闻名的文明古国,在漫长的历史发展过程中,勤劳智慧的中国人,创造了丰富多彩、绚丽多姿的文化,可以说人创造了文化,文化创造了人。这些经过锤炼和沉淀的古代传统文化,凝聚着华夏各族人民的性格、精神和智慧,是中华民族相互认同的标志和纽带,在人类文化的百花园中摇曳生姿,展现着自己独特的风采,对人类文化的多样性发展作出了巨大贡献。中国传统民俗文化内容广博,风格独特,深深地吸引着世界人民的眼光。

正因如此,我们必须深入学习贯彻党的十八届三中全会精神,按照中央的要求,加强文化建设。2006年5月,时任浙江省委书记习近平同志就已提出:"文化通过传承为社会进步发挥基础作用,文化会促进或制约经济乃至整个社会的发展。"又说,"文化的力量最终可以转化为物质的力量,文化的软实力最终可以转化为经济的硬实力"。(《浙江文化研究工程成果文库总序》)2014年他去山东考察时,再次强调:中华民族伟大复兴,需要以中华文化发展繁荣为条件。

学习习近平同志的重要讲话,确可体会到,在政治、经济、军事、社会和自然要素之中,文化是协调各个要素协同发展、相关耦合的关键。正因如此,我们应该对华夏民族文化进行广阔、全面的检视。我们应该唤醒我们民族的集体记忆,复兴我们民族的伟大精神,发展和繁荣中华民族的优秀文化,为我们民族在强国之路上阔步前行创设先决条件。

实现民族文化的复兴,必须传承中华文化的优秀传统。现代的中国人,特别是年轻人,对传统文化十分感兴趣,蕴含感情。但当下也有人对具体典籍、历史事实不甚了解。比如,中国是书法大国,谈起书法,有些人或许只知道些书法大家如王羲之、柳公权等的名字,知道《兰亭集序》是千古书法珍品,仅此而已。再如,我们都知道中国是闻名于世的瓷器大国,中国的瓷器令西方人叹为观止,中国也因此获得了"瓷器之国"(英语 china 的另一义即为瓷器)的美誉。然而关于瓷器的由来、形制的演变、纹饰的演化、烧制等瓷器文化的内涵,就知之甚少了。中国还是武术大国,然而国人的武术知识,或许更多来源于一部部精彩的武侠影视作品,对于真正的武术文化,我们就难以窥其堂奥了。我国还是崇尚玉文化的国度,我们的祖先发现了这种"温润而有光泽的美石",并赋予了这种冰冷的自然物以鲜活的生命力和文化性格,如"君子当温润如玉",女子应"冰清玉洁""守身如玉";"玉有五德",即"仁""义""智""勇""洁"等。今天,熟悉这些玉文化内涵的国人,也为数不多了。

　　也许正有鉴于此,有忧于此,近年来,已有不少有志之士,开始了复兴中国传统文化的努力之路,读经热开始风靡海峡两岸,不少孩童乃至成人,开始重拾经典,在故纸旧书中品味古人的智慧,发现古文化历久弥新的魅力。电视讲坛里一拨又一拨对古文化的讲述,也吸引着数以万计的人,重新审视古文化的价值。现在放在读者面前的这套"中国传统民俗文化"丛书,也是这一努力的又一体现。我们现在确实应注重研究成果的学术价值和应用价值,充分发挥其认识世界、传承文化、创新理论、咨政育人的重要作用。

　　中国的传统文化内容博大,体系庞杂,该如何下手,如何呈现?这套丛书处理得可谓系统性强,别具心思。编者分别按物质文化、制度文化、精神文化等方面来分门别类地进行组织编写,例如在物质文化层面,就有中国古代酒具、中国古代农具、中国古代青铜器、中国古代钱币、中国古代石刻、中国古代木雕、中国古代建筑、中国古代砖瓦、中国古代玉器、中国古代陶器、中国古代漆器、中国古代桥梁等；在精神文化层面，就有中国古代书法、中国古代绘画、中国古代音乐、中国古代艺术、中国古代篆刻、中国古代家训、中国古代戏曲、中国古代版画等；在制度文化层面，就有中国古代科举、中国古代官制、中国古代教育、中国古代军队、中国古代法律等。

此外，在历史的发展长河中，中国各行各业还涌现出一大批杰出人物，至今闪耀着夺目的光辉，以启迪后人，示范来者。对此，这套丛书也给予了应有的重视，中国古代名将、中国古代名相、中国古代名帝、中国古代文人、中国古代高僧等，就是这方面的体现。

生活在21世纪的我们，或许对古人的生活颇感兴趣，他们的吃穿住用如何？如何过节？如何安排婚丧嫁娶？如何交通出行？孩子如何玩耍等。这些饶有兴趣的内容，这套"中国传统民俗文化丛书"都有所涉猎，如中国古代婚姻、中国古代丧葬、中国古代节日、中国古代风俗、中国古代礼仪、中国古代饮食、中国古代交通、中国古代家具、中国古代玩具、中国古代鞋帽等，这些书籍介绍的都是人们颇感兴趣，平时却无从知晓的内容。

在经济生活层面，这套丛书安排了中国古代农业、中国古代纺织、中国古代经济、中国古代贸易、中国古代水利、中国古代车马、中国古代赋税等内容，足以勾勒出古代人经济生活的主要内容，让今人得以窥见自己祖先的经济生活情状。

在物质遗存方面，这套丛书则选择了中国古镇、中国古楼、中国古寺、中国古陵墓、中国古塔、中国古战场、中国古村落、中国古街、中国古代宫殿、中国古代城墙、中国古关等内容。相信读罢这些书，喜欢中国古代物质遗存的读者，已经能掌握这一领域的大多数知识了。

除了上述内容外，其实还有很多难以归类却饶有兴趣的内容，如中国古代乞丐这样的社会史内容,也许有助于我们深入了解这些古代社会底层民众的真实生活情状,走出武侠小说家加诸在他们身上的虚幻的丐帮色彩,还原他们的本来面目,加深我们对历史真实性的了解。继承和发扬中华民族几千年创造的优秀文化和民族精神是我们责无旁贷的历史责任。

不难看出,单就内容所涵盖的范围广度来说,有物质遗产,有非物质遗产,还有国粹。这套丛书无疑当得起"中国传统文化的百科全书"的美誉了。这套丛书还邀约了大批相关的专家、教授参与并指导了稿件的编写工作。应当指出的是,这套丛书在写作过程中,既钩稽、爬梳大量古代文化文献典籍,又参照近人与今人的研究成果,将宏观把握与微观考察相结合。在论述、阐释中,既注意重点突出,又着重于论证层次清晰,从多角度、多层面对文化现象与发展加以考察。这套丛书的出版,有助于我们走进古人的世界,了解他们的美好生活,去回望我们来时的路。学史使人明智,历史的回眸,有助于我们汲取古人的智慧,借历史的明灯,照亮未来的路,为我们中华民族的伟大崛起添砖加瓦。

是为序。

2014 年 2 月 8 日

前　言

　　中国具有五千年文明史，礼仪文化作为中国传统文化的重要组成部分，具有十分丰富的内容。中国古代的礼仪内容非常广泛，一般划分为吉礼、凶礼、军礼、宾礼、嘉礼五大类。吉礼是有关祭祀的典礼，列为"五礼"之首。凶礼是有关丧葬的仪礼，其中还包括对天灾人祸的哀吊等。军礼是有关军事活动的典礼，包括校阅、出师、献捷、田猎时的礼仪。宾礼则是指诸侯对天子的朝觐、各国诸侯之间聘问和会盟时的礼节。嘉礼是古代礼仪中内容最为庞杂的一种礼仪，它涉及王位承袭、宴请宾朋、日常生活等多方面的内容，大致包括冠礼、婚礼、射礼、宴礼、立储等。

　　总之，礼仪所涉及的范围几乎渗透于古代社会生活中的各个方面，成为维系血缘纽带、协调人际关系和维护社会秩序的重要手段。正是由于此，在长期的历史发展中，积淀成为中华民族的一种心理习惯，也正是在这个意义上，中国文化在特色意义上被称作"礼仪文化"。

　　中国礼仪文化中有许多内容延续至今，并起到积极的作用，如尊老敬贤、孝敬父母、礼尚往来、注重仪容仪表、礼待宾客等，这些都是社会生活中人们必须遵守的礼仪规则。在阶级社会中，人们分为不同的等级，但同时又在同一个社会中生活和交往，因此，彼此之间就必然会形成一些最起码的、简单的、人们必须遵守的社会公共规则。

　　在礼仪文化中就有许多这类的规则内容。尽管在一定时期内，这些千百年来在人类社会中形成的礼仪规则被纳入剥削阶级的意识形态之中，许多方面又和封建尊卑礼制融合在一起；但是，许多礼仪规范内容仍然是人们赖以生存、发展的一些必要的人与人之间相处的准则，应该得到继承，并应根据新的时代要求加以弘扬。当然，即使是对这样一些内容，也不是原封不动地拿过来，仍然需要采取批判继承的态度，抛弃其时代的局限，赋予其新的意义。

目录

第一章　中国古代礼仪纵览

第一节　礼的起源与发展 ……………………………… 2
礼的起源与制定 …………………………………… 2
秦汉时期的礼仪 …………………………………… 5
宋代的礼仪思想 …………………………………… 7
明清时期的礼仪 …………………………………… 8

第二节　中国古代五礼 …………………………… 11
敬鬼神的吉礼 ……………………………………… 11
哀邦国的凶礼 ……………………………………… 15
待宾朋的宾礼 ……………………………………… 17
军礼 ………………………………………………… 18
亲万民的嘉礼 ……………………………………… 26

第二章　中规中矩——礼仪的规范

第一节　礼器与礼服 ……………………………… 30
礼器的含义 ………………………………………… 30

礼器的分类 ································ 31

吉服的含义 ································ 37

历代后妃命妇的服制 ···················· 39

历代凶服 ································ 44

第二节　古代大型礼仪 ···················· 48

祭天神 ································ 48

祭地神 ································ 50

祀人神 ································ 52

第三章　社会活动中的礼仪

第一节　不同时代的交际礼仪 ············· 56

夏商周时代的交际礼仪 ···················· 56

六朝交际礼仪 ································ 60

宋元交际礼仪 ································ 60

第二节　日常交际礼仪 ···················· 62

相见礼 ································ 62

拜访礼仪 ································ 64

迎宾待客 ································ 67

第三节　节俗礼仪 ························· 69

春节 ································ 69

元宵节 ································ 71

清明节 ································ 75

端午节 ································ 76

中秋节 77

重阳节 79

第四节　古代婚丧礼仪 82

古代婚礼的特色 82

婚姻的含义及形式 84

娶亲的程序 86

同食共饮 90

拜见舅姑 91

回门 92

停尸仪 93

报丧和吊唁 94

大敛 95

哭泣仪节 100

下葬仪节 100

葬法 101

第四章　形象重于泰山——个人礼仪

第一节　言行礼仪 108

仪态庄重 108

坐立行走 110

言辞谈吐 112

热情好客 114

跪拜作揖 117

古代的九拜 …………………………………… 118

叩头、拱手、作揖 …………………………… 121

特殊的女子行跪礼 …………………………… 124

称谓与敬语礼仪 ……………………………… 126

坐姿入席礼仪 ………………………………… 128

饮宴座次 ……………………………………… 130

饮食忌讳 ……………………………………… 131

行旅禁忌 ……………………………………… 131

第二节　穿戴礼仪 …………………………… 134

穿戴要点 ……………………………………… 134

冠戴礼节 ……………………………………… 135

穿衣禁忌 ……………………………………… 136

鞋的穿着与礼节 ……………………………… 137

服饰的等级意义 ……………………………… 139

第五章　气象万千——正统礼仪与民间礼仪

第一节　君国之礼 …………………………… 144

常朝朝仪 ……………………………………… 144

卤簿车仗 ……………………………………… 149

交聘礼仪 ……………………………………… 153

第二节　尊老敬贤 …………………………… 158

尊老尚齿 ……………………………………… 158

古代尊老礼制 ………………………………… 164

敬学与学校礼仪 …………………………………… 168

敬养恭让之礼 ……………………………………… 174

禁忌习俗 …………………………………………… 177

避讳杂谈 …………………………………………… 180

参考书目 …………………………………………… 182

第一章

中国古代礼仪纵览

说到中国的礼仪文化，不能不提到《周礼》《仪礼》和《礼记》，即通常所说的"三礼"。《三礼》是古代礼乐文化的理论形态，对礼法、礼义做了最权威的记载和解释，对历代礼制的影响极为深远。

第一节
礼的起源与发展

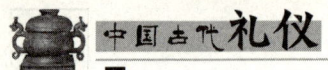

礼的起源与制定

在具体介绍各种礼仪之前,有必要对礼的起源和经典理论的创立,做一简略交代。

传称周公姬旦"制礼作乐",如果以他为中国礼教的开山鼻祖,那么迄今为止,礼制在中国的推行已逾3000个年头了。

实际上,礼作为调节人际关系的一种规范准则,伴随人类社会文明曙光的最初绽现便起源了。

我们知道,火的使用,特别是取火与火种保存技术的掌握,是将人类从动物界分离出来的恰当标志。而繁衍人类的婚姻关系开始摆脱原始的杂交状态,进入群婚制早期的血缘家庭,即乱婚时代的结束,又是作为伦理的人、社会化的人诞生和伦理社会萌芽的标志。最早出现的禁止父母和子女间性交关系的那种习俗,便是不折不扣的属于礼的范畴了。而后,从围上第一块遮羞布,到像我们

礼器

在1.8万年前的山顶洞人那里看到的那样，骨针缀合的服饰的发展和尸骨周围撒赤铁矿粉的葬俗，种种礼仪逐渐丰富，作为社会的人走向成熟，这也正是开始组成氏族公社的早期。而当氏族制度瓦解时，便进入了家庭、私有制和国家起源的文明时代。

为了维护作为文明时代基础的一个阶级对另一个阶级的剥削，礼制和刚刚建立起来的国家机器一起逐步完善，从野蛮时代向文明时代的历史性过渡时期产生的文字，传递了礼制最初发展的若干信息。

在殷商时代，礼字可能还只是指奉神行礼之器，作为氏族部落重视祭祀的传统的延续。但是随后，礼字就被赋予广义的政治学和社会学、伦理学的意义。西周初年，周公在还政于成王的前一年，约公元前1050年，制礼作乐，创立以嫡长子继承法为核心的宗法制度和册封、巡狩、朝觐、纳贡等一系列维护中央王朝对地方统治的制度，维护父子、兄弟、天子与诸侯、诸侯与大夫之间尊卑等级的礼法也相应确立，于是礼仪大备，这就是为后世效法的周礼。

西周末年，幽王失国。东迁后，周天子威信江河日下，后来仅存共主的虚名。贵族非礼僭越，诸侯坐大争霸，而后又是大夫裂国兼并，史称："周衰，礼废乐坏。"（《史记·礼书》）

面对宗法旧秩序大乱的局面，孔子倡导"克己复礼"，为重整政治生活和精神生活的秩序奔走，创立了儒家学说。他以周公为楷模，声称："吾学周礼，今用之。吾从周。"（《礼记·礼运》）孔子开创的儒学，也可说是礼学。他教学生的"六艺"：礼、乐、射、御、书、数，以礼为首科；他修《诗》《书》，订《礼》《乐》，赞《易》，作《春秋》，这些教本，后世尊为"六经"。其中的《礼》，又称为《仪礼》或《士礼》，是他订正的。又有传为周公所制，实为战国儒者汇编的《周礼》和西汉戴圣集孔门人物论礼文字而成的《礼记》。上述《仪礼》《周礼》与《礼记》三书，合称"三礼"，再经过汉唐经学大师郑玄、贾公彦、孔颖达的注疏，蔚成经典的礼学系统，先后纳入九经、十三经中，三礼成为中国礼仪规范的渊薮。

三礼中的《周礼》，又名《周官》或《周官经》，共6篇，篇目为天官冢宰、地官司徒、春官宗伯、夏官司马、秋官司寇、冬官司空，是讲职官制度的。共列大小官377员，"设官分职，以为民极"（《周礼注疏》卷一《天官冢宰》）。大略奠定了后代吏、户、礼、兵、刑、工六部行政机构的制度规模，一直影响到清代。

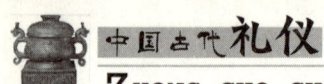

《仪礼》又称《礼经》或《士礼》，也单称《礼》，共17篇，内容是各类礼仪程序与思想修养。西汉时便有戴德本、戴圣本和刘向《别录》三个编排次序不同的本子，一般学者认可戴德本的编次程序。

　　现行十三经《仪礼》17篇按刘向校书所定《别录》本的次序排列，也是从士冠礼开始，但将上述乡饮酒礼至丧服的八篇移前至士相见礼后、士丧礼之前，而以有司彻为末篇。

　　关于《仪礼》如何成书，存在不同的说法。一种说法认为，孔子生于鲁，在他500年前，武王伐纣成功后遍封功臣，曲阜为周公旧封，鲁国是保存周礼最多的地区之一，春秋时列国来此"观礼"。孔子耳濡目染，年少好礼，儿时嬉戏，就喜欢陈俎豆、设礼容、做演礼的游戏。及长，又曾"适周问礼"，熟悉礼仪。所以三礼中《仪礼》这一本出自他手订是可能的。还有一种说法认为，《周礼》《礼仪》两部"并是周公摄政太平之书"，将成书年代推至公元前11世纪，那是贾公彦溯源时的一种猜测。

　　最后一本《礼记》，"记"是传述语录的一种文体，《礼记》所记，是孔门七十子和再传、三传弟子们所记孔子讲礼的文字，到汉朝由戴圣整理成书，共49篇，李宗邺先生曾列表说明各篇的内容大意。

孔子问礼

另外，西汉戴德也整理《礼古经》为《大戴记》，也称《大戴礼》，原为85篇，现残存40篇。为与之区别，戴圣本称《小戴记》，《礼记》专指戴圣本。两书内容有相通处，可以互相参看。

"三礼"一共82篇，文字量并不大，据清人陈弘谋统计，《礼记》99010字，《周礼》45806字，《仪礼》约57114字，正文总共才20万字。但是收在十三经中的"三礼"，加上注疏文字，便十倍于正文了。再按《四库全书》所收礼类书，各种注疏、正义、新义、新裁、通解、详解、集说、集证本子，总共236部，3000余卷。

上述与"三礼"直接有关的专门著述还只是一个部分，此外，26部正史中18部有礼书、礼志或礼仪志、礼乐志、郊祀志、祭祀志，共137卷。十通、会要和各种大大小小类书，无不都有专门篇章记述礼仪。比如《古今图书集成》一书中，《礼仪典》就有70部348卷。所有这些有关礼仪的图书资料汇聚起来，真可谓是浩如烟海，就从在纸面上下过的功夫，也足见我们这个礼仪之邦的气魄。

秦汉时期的礼仪

秦汉时，关于"礼"的思想在受到一定禁锢的同时也有着相应的发展，即"三纲""五常"思想的提出，这种思想将"礼制"引向了"礼教"，对中国封建社会有着较为深远的影响。

秦统一六国之后，在思想领域，儒家和法家在面对分封制和郡县制以及师古和崇今等问题的看法上，发生了严重的分歧。公元前213年，秦始皇为了加强专制统治，采纳了李斯的建议，下令焚烧《秦记》以外的列国史记；如果有人敢谈论《诗》《书》的要处死，以古非今的要灭族；同时禁止私学，如果想学法令就要以官吏为师。那个时期，除了医药、种树、卜筮之书外，其他各种文化典籍都被焚烧了。第二年，两个术士（修炼功法炼丹的人）侯生和卢生暗地里诽谤秦始皇，后来逃跑了。秦始皇得知此事后勃然大怒，派御史调查，后来抓住了犯禁的460多人，这些人全被坑杀。这两件事合称"焚书坑儒"。

"焚书坑儒"事件尽管促使国家在短期内达到了统一思想的目的，然而，它对于维护国家的长治久安以及社会发展造成了极为不利的影响，不仅如此，

"焚书坑儒"还对中华文化造成了非常大的破坏,其不仅使大量珍贵的文化典籍遭受灭顶之灾,还限制了人们的言论与思想上的自由。

幸而,这种状况在汉代得到了缓解。刘邦立国之初,自己及手下部将的文化水平普遍偏低,所以群臣经常在宫殿之上喧哗争功。面对这种情况,儒臣叔孙通建议设立礼仪法度,以明体统。刘邦欣然同意了叔孙通的提议。于是,叔孙通参考古礼、秦仪,制定了西汉初期朝堂礼仪,恢复了儒家的礼制,满足了天下初定要求秩序稳定的需求,这实际上为儒学的复兴打下了基础。

在对汉代"礼"的思想的发展方面,陆贾、贾谊、董仲舒等人作出了重要的贡献。

刘邦创建汉朝之初,命令汉初重要的政治家和思想家陆贾将秦亡汉兴的因素以及国家兴亡成败的经验教训总结出来。陆贾就"著二十篇。每奏一篇,高帝未尝不称善,左右呼万岁,号其书曰《新语》"。在《新语》中,陆贾认为,人都有礼仪之性,但由于受到情欲的干扰而不能自觉遵守礼仪。所以统治者有必要约束和规范人们的"情欲",同时通过道德教化去启发和强化人们固有的"礼仪之性"。至于怎么做,陆贾说,应该尚德而不尚刑,尚俭而不尚奢。他提出的这些主张符合汉初社会和统治集团的普遍心理,所以得到了刘邦的称赏。

汉文帝时期,有一个著名的文学家贾谊,他的主要著作就是《新书》。贾谊在思想上受荀子的影响很大,他提倡德教,主张"以礼为治"。贾谊提出,礼仪和法令都有禁邪恶的作用,但礼仪不仅优于法令,而且还有劝善扶正的作用。即人们在礼仪所提供

董仲舒像

的外在行为规范和内在价值取向的约束和引导之下，定会"日迁善远罪而不自知"，这是法令无法抵达的境界。

提到董仲舒，肯定会想到"罢黜百家，独尊儒术"，事实也是这样，董仲舒在确立儒家的正统地位上功不可没。在汉景帝、汉武帝时期，董仲舒是非常著名的儒家学派代表人物，著有《春秋繁露》一书。同贾谊一样，董仲舒也主张"以德化民"，认为应该首先用"先王礼乐"对百姓进行深入教化。董仲舒提出"天人感应论"，在这一基础上，君权神授就变得理所当然。于是，就有了"君为臣纲，父为子纲，夫为妻纲"的"三纲"，这是对封建等级关系和伦常秩序的概括。在此基础上，董仲舒还把仁、义、礼、智、信定为"五常"，作为调整这种关系的基本原则。"三纲五常"的确立，不仅给统治者提供了精神支柱，也为以后封建礼教的形成提供了理论依据。

宋代的礼仪思想

北宋后期，出现了儒学发展的高潮——理学，其中的"三纲五常""三从四德"等伦理道德思想被制度化后，很快在全国范围内普及。这一封建礼教对古代中国人民产生了极为深远的影响。

自从汉武帝采纳董仲舒"罢黜百家，独尊儒术"的建议使得儒学成为国家思想的正统后，礼也再一次得到了重视。但是，在魏晋南北朝至隋唐时期，儒学再次受到了冲击。这一时期，玄学、道教都在中国本土上蔓延发展起来，佛教也传入中国，它们与儒学相互排斥、相互冲突、相互吸收又相互融合，中国的思想文化由此得到了多角度的发展与深化。唐代中期，韩愈、柳宗元倡导"古文运动"，推动了儒学的发展，儒学的复兴再次开始萌发。到了两宋时期，儒学以一种崭新的姿态——理学出现在了人们的面前。

理学代表了中国在封建社会后期的统治思想。它产生于北宋，盛行于南宋与元、明时代，清中期以后日益衰落，但直到近代，还有少数人受其影响。之所以称为"理学"，是因为宋代儒士解经，大都不顾旧有的传与注，往往抛弃传统的训诂义疏，直接从经书原文中阐释性命义理（即人的本性及其根源），因此被称为"性命义理之学"，简称为"理学"。

理学的兴起与宋代的政治特点有着非常密切的关系。五代的长期分裂和混乱，破坏了传统的伦理道德规范，纲常松弛，道德式微，这不利于大一统

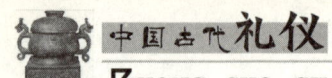

政治的稳定和巩固，所以，宋朝统治者一开始就对尊儒颂经极为倡导，宋代的儒学复兴便由此而形成。

张载是北宋时期理学的创始人之一，他提出人要通过"学礼""克己""寡欲"来改变人的气质，他认为礼不仅是一种外在后天的道德规范，还是一种先天的天地之德。原因是学礼就能固守善良的本性，返璞归真。此后的程颢、程颐更是将"理"视作哲学的最高范畴，认为"理"无所不在，不生不灭，不仅是世界的本源，也是社会生活的最高准则。主张"存天理，灭人欲"。二程学说的出现，标志着宋代理学思想体系的正式形成。

朱熹继承并发扬了张载和程颐、程颢的思想，建立了以"三纲五常"为天理的伦理道德思想体系。朱熹把"三纲五常"夸张成充斥于天地之间的最高法则，认为："宇宙间一理而已……其张之为三纲，其纪之为五常。盖皆此理之流行，无所适而不在。"他还说："三纲五常，礼之大体，三代相继，皆因之而不能变。"如此一来，"三纲五常"不仅使人的思想受到束缚，而且使人们的日常行为受到规范，封建礼教的教条便也得以形成。这样自然也维护了封建统治者的利益，于是被统治者尽可能地利用。

不仅如此，经过程朱理学的发展，商周时期原有的男尊女卑思想就变成了"三从四德"，将更为沉重的精神枷锁套在女性的头上，使女性几乎丧失了所有的自由。"三从"指"在家从父，既嫁从夫，夫死从子"，"四德"指妇女要谨守"妇德、妇容、妇言、妇工"。在这种蛮横的要求下，妇女没有社会地位，男女之间极度不平等，这种不平等在婚姻上表现得更加明显，以至于到了宋朝末期，妇女"节守贞操"成为一种普遍的风气。在此基础上，统治者还对那些付出很大代价"节守贞操"的妇女给予立"贞节牌坊"的"表彰"，广大古代女性无论从思想上还是从身体上都遭受到更为严重的禁锢与束缚。

总而言之，宋代理学将一种思想变成了一种制度化的"礼"教，并被社会普遍认同与传播。换句话说，宋代是"礼"的繁荣期，也是对人的自由的禁锢期。

明清时期的礼仪

明清时期，理学受到自身发展以及西方文化的冲击，并获得了全新的发展，但孕育于理学的封建礼教却开始走向衰微。然而，由于封建礼教思想已经渗透于传统家庭教育中，所以，它又进一步成为束缚人们行为的家庭礼制。

明清时期，中国封建社会进入发展后期，君主专制制度的空前加强以及资本主义萌芽的出现，都彰显出旧制度的衰落和新的社会因素的产生。在经济领域上，地处江南一带的市民工商业者早已拥有很强的经济实力，迅速发展成为社会上不可或缺的一股力量。在思想领域，则出现了反思传统儒家思想、反对封建专制主义的思潮。这股文化思潮的代表人物有：李贽、黄宗羲、顾炎武以及王夫之等。

李贽，可以说是明代思想界的"异端"，他是中国历史上反封建传统、反封建礼教、反权威主义，主张个性解放、思想自由的思想先驱，他的思想对后人思想的形成具有重要的启蒙作用。他挑战孔子及其儒家思想的正统地位，批判道学家的虚伪，他认定，是是非非势必随着时代的变迁发展而有所变化，孔子的话不应该当作唯一的定论。黄宗羲、顾炎武、王夫之被称为"清初三大儒"，其中黄宗羲对君主专制进行了有力的抨击。提出了

李贽故居

"以天下之法"取代皇帝"一家之法"的限制君权的主张。顾炎武则是对经世致用的理论极力倡导，提醒人们应该更多地关注现实的国计民生，对空谈性命这类学说应给予严厉打击。王夫之更强调世界的物质性，对陆九渊、王阳明"心学"的唯心主义世界观提出批判。这几位思想家的主张与程朱理学专注于维护封建统治秩序和封建礼教有很大区别，它们体现了时代的要求，激发了先秦儒学中的积极因素，使儒学从理学禁锢中解放出来，可以说，它们动摇了封建礼教在社会政治领域的统治地位。但是，封建礼教依然对人们的生活产生极为深远的不良影响。

　　晚清重臣曾国藩，还是近代新文化运动的开拓者。同时，他自幼深受传统文化的影响。他试图挽救日渐消亡的理学，所以，在他的思想中，他很重视"礼"，而且宣扬以"学礼"为"经世之术"。首先，他用"礼"呼吁地主阶级及其武装力量"谨守准绳，互相规劝"，要求大家"克己求仁"。其次，他用"礼"来"辟异端"，以使"人人纳于规范之中"，维护君臣父子、上下尊卑的封建等级秩序。总而言之，曾国藩的"以礼自治，以礼治人"既用于维护家国的安定统一，也被用来当做镇压农民革命的依据。曾国藩坚持传统礼制的基本精神，维护旧的社会秩序，也限制了自身变革思想的进一步发展。

　　除此之外，明清时期，由于统治者采取八股取士的考试方法，要想有所作为，人们必须读程朱理学注解下的"四书""五经"，所以，这些读书人的思想仍然被禁锢着。

　　在对待女性的教育以及地位方面，明清时期几乎没有什么改观。"三纲五常"、班昭《女诫》中的"三从四德"等仍然是主流观念，而且，明代流行"女子无才便是德"的思想，这种思想导致许多女子不能读书识字，受不到良好的教育，自然也没有能力去改变自己的思想与命运。

　　不仅如此，在明清时期还流行着一些"家训""乡约"，这使得家庭教育受到了礼教的约束，可以说，相对于宋代时统治阶级用礼教控制人们来说，明清时期，礼教在家庭中的影响更加明显。

　　儒家的"礼"的思想，到了明清时期人们学到的更多的是它的表面的制度化的东西，而"礼"的真正内涵却被人们所忽视。也正因为此，"礼"在这一时期受到了来自于内部与外来文化的双重冲击，并在近代成为新文化运动的首要攻击目标。

第二节
中国古代五礼

礼仪发展到西周时期已是十分完备了，与之相关的制度亦日渐完善，已知现存的最早有关礼仪制度的著作便是《周礼》。周代的礼仪制度不仅十分严格，而且也是后来历代礼仪制度的渊源。根据《周礼》的记载，周人按性质把礼划分为五类，又称"五礼"，即吉礼、凶礼、宾礼、军礼、嘉礼。

敬鬼神的吉礼

与祭祀有关的典礼就叫吉礼。古人对各种祭祀活动都非常重视，认为这与国家安危息息相关，所以是"国之大事"，并将吉礼列在"五礼"之首。祭祀的对象包括上帝鬼神、日月星辰、司中司命（司中、司命是两颗星宿名）、风师雨师（即风神和雨神）、社稷（分指土神和谷神）、五祀（指祭五种地神：春神句芒、夏神祝融、中央后土、秋神蓐收、冬神玄冥）、五岳（指五座山，有传说称，大多数神仙都在此居住，今指中岳嵩山、东岳泰山、西岳华山、南岳衡山、北岳恒山。历史上，南岳曾为天柱山，北岳曾指河北恒山）、山林川泽及四方百物的祀典。吉礼的祭祀活动主要包括祭宗庙、祭社稷、祭天地等。

宗庙，古时又叫祖庙、太庙，是供奉祖先的场所。"宗，尊也；庙，貌也。言祭宗庙，见先祖之尊貌也"（《礼记·祭法》）。不管是皇帝还是臣下官属，皆需要立宗庙，不过，根据礼的规定，官位大小和宗庙的数量有直接关

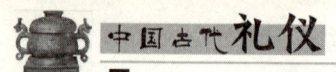

系。天子的宗庙最多可达九座，属下则只有三座，官位再低只能立一庙。宗庙里摆放着牌位，作为某位先祖的象征，牌上不直书其名，而另起一个称号，一般使用"祖""宗"二字，这种称呼又叫"庙号"。最高统治者的宗庙被视为国家的象征，只要遇到如同农事活动、皇帝登基以及战争等重大事件，都需要前往宗庙祭告。宗庙一般建在王宫前面，明、清两朝的宗庙就建在紫禁城外，今天天安门东侧的劳动人民文化宫就是那时的太庙。至于臣下官属的宗庙则多建于居所附近，以后又称为家庙或祠堂。

祭祀宗庙的活动，除临时性的大事而入庙祭告外，还有一些固定的祭祀，如"月祭"，在月朔（即每月初一）举行。春秋战国时期之前，每到月祭的时候，最高统治者都要率领众大臣亲自莅临宗庙，并宰杀肥羊祭告祖先。然后，群臣要头戴皮弁（古时男人戴的帽子）在宗庙聆听天子的训谕。每年夏秋之交的月祭最为隆重。因为古代的历法一年颁行一次，由巫、祝、卜等官通过观测，计算出第二年月朔的时间，是否需要增加闰月，写成历书，藏于宗庙中。到这次月祭时，天子将向各国诸侯颁发历书。不过，月祭到后代便不再那么受重视了，皇帝往往不再亲临宗庙，只派人去杀只羊了事。"四时之祭"也是一年中固定的祭祀活动，在每年的春、夏、秋、冬四季之始进行。

社稷主要包括土神社和谷神稷。祭祀社稷是为了祈求五谷丰登。祭社稷时，先要修筑一个台，称为坛，或社稷坛，祭祀活动便在坛上进行。古代礼制规定，"左宗庙，右社稷"，就是指社稷坛建在王宫前的右侧，与太庙对称。明、清两朝祭祀社稷的场所就是今天天安门右侧的中山公园，当时的社稷坛就是指园内的方形大坛——五色土。坛分三层，用汉白玉砌成，坛上依东、南、西、北、中五个方位，分别放置着青、赤、白、黑、黄五种颜色的泥土，因而又称五色土。它代表着五方，据说古代君主分封诸侯时，根据封地方位，从坛中取一撮相应方向的色土赐给受封的诸侯。在北京中山公园五色土的北面建有一座大殿（今称中山堂），是当时举行祭祀社稷活动的场所，还在这里供奉三牲：牛、羊、猪。仪式开始后，还要用钟鼓奏乐。

在古代，祭祀天地也是非常隆重的活动。这种祭祀的仪式又称为"封禅"，祭天为封，祭地为禅，其实是两次祭祀活动的合称，不过经常是一起进行。祭祀天地体现了古人对大自然的崇拜和敬畏，也为了祈求风调雨顺、吉祥太平。封禅仪式一般由帝王亲自在泰山上进行，因为东岳泰山是五岳之首，所以又叫作岱宗。封，要在泰山顶上举行，因为古人认为泰山顶峰是距离上天最近的地方；禅，则在泰山脚下举行，但封重于禅。泰山封禅和其他祭祀活动没有什么区别，同样受到礼制束缚，只有帝王才能享有这种权力。春秋时期，齐桓公称霸，会盟诸侯，也想仿周天子举行封禅，上卿管仲告诉他：古代封禅泰山者都必须得到册命为王，才能有资格封禅。齐桓公只是凭借着强大的国势称霸于诸侯，并没有得到周天子的地位，所以他只好放弃了这一打算。

与其他的祭祀活动不同，封禅没有严格的时间规定，不是每年都举行的。据资料记载，举行过封禅泰山的帝王包括秦始皇、汉武帝、汉光武帝、唐高宗、唐玄宗、宋真宗等。秦始皇帝二十八年（公元前219年），东行到鲁国故地，经与当地的儒生们商议，决定封禅，立石颂德。于是他登上泰山，在举行完祭天仪式后，便返回山下准备祭地。不料，下山途中突遇暴风雨，他只好暂时躲避于一棵大松树下，直到雨过天晴，才继续下山。此树护驾有功而被秦始皇封为"五大人松"。至今，泰山上仍有"五大夫松"，不过已是明代种植的了。

社稷坛

南宋之后，封禅基本不再单独进行，而与在郊外举行的祭祀天地的"郊祀"合并为一了，封与禅也同时进行。到了明代，明成祖朱棣将都城迁往北京，在京城南郊建天地坛，又在坛上建了一座长方形的"大祀殿"，作为祭祀天地之用。嘉靖皇帝即位后，认为合祭天地与古代礼制不合，于是下令在大祀殿南面另建一座圆坛，以取"天圆地方"之意，坛称圆丘，不久又改称天坛，俗称祭天台、拜天台。坛分上下三层，各层栏板望柱和台阶的数目均为"天数"（又叫"阳数"，即为九及九的倍数）。皇帝每年冬至时期，就会率领文武大臣来此祭祀上天。根据"四郊分祀"制，嘉靖皇帝另在京城北郊择地建成"方泽坛"，又叫作地坛。坛为北向，是一座用汉白玉筑成的二层方坛，专门供皇帝在此祭祀地神。于京城东郊建起"朝日坛"，又称日坛。坛为西向，一层方台，供皇帝在此祭祀大明神（即太阳）。在北京西郊修建而成的"夕月坛"又叫作月坛。坛为东向，也是一层方台，供皇帝在此祭祀夜明神（即月亮）。四坛建成后，明、清两代帝王都曾到各坛，分别祭祀天、地、日、月。这四座坛一直保留至今，但已不再是祭祀的场所，而是供人游赏的公园。

祭祀活动不同，与之相关的仪式规定也有所区别，而且历朝历代也时常变更，有的极其烦琐，有的又很神秘。不过，各种祭祀也有共同之处，首先于祭祀之前，要进行"斋戒"，即沐浴、更衣，还要独居，静心养性。斋戒又分为两步进行，"七日戒，三日斋"。戒，又叫作散斋，指的是开始七天要居住在寝宫的外室；斋，又称致斋，则指"戒"后还要在寝宫居住三天。斋戒时，一切娱乐活动都需要中止，更不能参加哀吊丧礼，要排除"心"上的杂念，进行"五思"：思其居处，思其笑语，思其志意，思其所乐，思其所嗜，而使"心诚"（《礼记·祭义》）。斋戒期间还要忌食荤物，以防祭祀时口中会有"秽气"，亵渎了先祖及神灵。在西周时期，斋戒时间为十天，之后的朝代大多保持在三五天，甚至缩短到更少天数。祭祀那天，主持及参加者很早就要起床，沐浴完毕，要更换吉服（祭祀时穿着的服装及佩饰），而后前往祭祀场所。在祭祀当天，丧失亲人的人不能大声哭泣，穿丧衣的人不允许其进城，以避免冲撞神灵。祭祀时必须有"牺牲"作为供品，"牺"是指毛色纯正的牲畜；"牲"则指牛、羊、豕（即猪）等。帝王祭祀一般要供牛、羊、豕三牲，称为"太牢"；诸侯祭祀则不许供牛，只用羊、豕二牲，称为"少牢",可见即使在供品上也是有等级之分的。除"牺牲"之外,璧、琮等玉器和束帛(丝织物)也常被用于上供之用。璧为圆形玉,中央有孔;琮呈方形或长圆形;束帛是长10端(一端长1丈8尺,宽2尺4寸)的彩色丝织品。祭祀时,将璧和琮分别放在束帛之上,由祭祀者上供。祭祀开始和进行中,由宫廷乐师们演奏相应的礼乐并伴以歌、舞。

哀邦国的凶礼

《周礼·春官·大宗伯》说:"以凶礼哀邦国之忧以丧礼哀死亡,以荒礼哀凶礼,以吊礼哀祸灾,以襘礼哀围败,以恤礼哀寇乱。"凶礼是五礼之一,是处理不幸事件的礼数。

1. 丧礼

某国诸侯新丧,则兄弟亲戚之国要依礼为之服丧,以志哀悼,还要派使者前往吊唁,赠送助丧用的钱物等,都有特定的礼仪。丧礼是古代礼仪中最为重要的礼仪之一,其核心是通过对死者遗体的处理,来表达对死者的敬爱之情。与丧礼密不可分的是丧服制度,根据与死者的亲疏关系,有斩衰、齐衰、大功、小功、缌麻五种丧服,以及从三月到三年不等的服丧时间。

2. 荒礼

荒是指年谷不熟,也就是通常说的荒年。《逸周书·籴匡》将农业丰歉分为成年、年俭、年饥、大荒四种情况。《周礼》所说的荒,还包括疫病流行在内。当邻国出现灾荒或传染病,民众面临生存危机时,应该用一定的方式表示同忧。《礼记·曲礼》说:"岁凶,年谷不登,君膳不祭肺,马不食谷,驰道不除,祭事不县,大夫不食粱,士饮酒不乐。"或者直接贷给饥民粮食,《国语·鲁语》说:"国有饥馑,卿出告籴,古之制也。"《左传》中说,襄公二十九年,郑国发生饥荒,郑子皮"饩国人粟,户一钟"。或者移民通财,《孟子》梁惠王说:"河内凶,则移其民于河东,移其粟于河内。

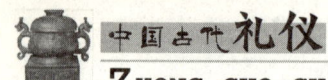

河东凶亦然。"

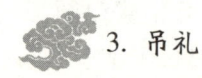

3. 吊礼

邻国遭遇水火之灾，应该派使者前往吊问。鲁庄公十一年秋，宋国发生大水，鲁君派人前往吊问，说："天作淫雨，害于粢盛，如何不吊？"《左传》成公三年二月甲子，新宫（宣公之庙）灾，"三日哭"。《谷梁传》："三日哭，哀也，其哀礼也。"《汉书·成帝本纪》，河平四年三月，对因"水所毁伤困乏不能自存者，财振贷。其为水所流压死，不能自葬，令郡国给櫄椟葬埋。已葬者与钱，人两千"。《宋史·徽宗本纪》，崇宁三年二月丁未，置"漏泽园"，瘗埋人骨，无使暴露。

4. 襘礼

襘是会合财货的意思。邻国发生祸难，发生重大物质损失，兄弟之国应该凑集钱财、物品以相救助。《春秋》襄公三十一年冬，"会（襘）于澶渊，宋灾故"。《谷梁传》云："更宋之所丧财也。"意思是说补充宋国因灾祸而丧失的财物，使之尽快地恢复正常的社会生活。

5. 恤礼

恤是忧的意思。邻国发生外患内乱，应该派遣使者前往慰问。儒家对荒礼提出的"散礼""薄征""缓刑""劝分""移民通财"等一系列原则，两汉政府曾具体加以运用。汉高祖二年六月，关中大饥，米价每斛万钱，民人相食，政府移民通财，"令民就食蜀汉"。汉文帝颁令，凡遇大灾，百姓可蠲免租税，称为"灾蠲"。成帝又开入粟助赈者赐爵的先例。光武帝建武五年夏四月，旱灾、蝗灾并起，迫于饥饿而触犯法律者甚多。五月丙子下诏："非犯殊死，一切勿案，见徒免为庶人。"宽赦缓刑，以示哀矜。后汉顺帝永建三年正月，京师地震，乃下诏散利，年七岁以上的受伤害者，每人赐钱两千。经过历代政府的不断完善，救荒赈灾成为重要礼制之一。

待宾朋的宾礼

《周礼·春官·大宗伯》："以宾礼亲邦国。"在宗法社会中，天子与诸侯之间，大多有亲戚关系。为了联络感情，彼此亲附，需要有定期的礼节性的会见。据《周礼》，宾礼就是天子、诸侯接待宾客的礼仪，其名目有："春见曰朝，夏见曰宗，秋见曰觐，冬见曰遇。"六服之内的诸侯，按照季节顺序，轮流进京朝见天子，"时见曰会"。

当王将要征伐不顺服的诸侯时，其他诸侯觐见天子，"殷见曰同"，是说天子十二年末巡守，四方诸侯齐往京师朝见。

1. 朝礼

朝礼包括天子的五门（皋门、库门、路门、雉门、应门）、三朝（外朝、治朝、燕朝）、朝位（三公、孤、卿、大夫等在朝廷中站立的位置）、朝服（冠冕、带鞶、黼黻、佩玉等）等，以及君臣出入、揖让、登降、听朝等的礼仪。

西周时，王每日视朝，与群臣议政。汉宣帝每五日一上朝。后汉减省为

古代大臣上朝的地方

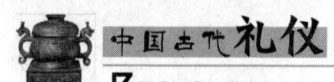

六月、十月朔朝，其后又以六月盛暑为由而去之，所以一年仅十月朔临朝。魏晋南北朝有朔望临朝的制度。朔、望日的上午，公卿在朝堂议论政事；午后，天子与群臣共议。隋高祖勤于政事，《隋书·高祖本纪》说："上每旦临朝，日昃忘倦。"唐代的视朝制度，九品以上的官员每月朔、望上朝；文官五品以上每日上朝，故称常参官；武官三品以上三日一朝，称九参官；五品以上五日一朝，号六参官。

到唐代，开始在京师为外地的官员设置邸舍。唐初，各地都督、刺史、充考使到京师等候朝见，都是各自租赁屋舍而居，往往与商人杂处，不成体貌。贞观十九年，唐太宗下诏，就京城内的闲坊，建造邸第300余所。同时对官员上朝的服装也有了严格的规定，朝廷的礼仪规范也日益细密。

2. 相见礼

古代人际交往的礼仪，并非局限于天子、诸侯之间，在士与士之间也有相应的礼仪，《仪礼》有"士相见礼"，记载上古时代士相见，以及士见大夫、大夫相见、大夫庶人见于君、庶见于君、言视之法、侍坐于君子、士大夫侍食于君等的礼节。以此为基础，历代的相见礼有所变化和发展。

3. 蕃王来朝礼

据《明集礼》，洪武初年制定蕃王来朝礼。蕃王来朝，到达龙江驿后，驿令要禀报应天府，再上达中书省和礼部。应天知府奉命前往龙江驿迎劳。蕃王到达下榻的宾馆后，省部设宴款待。然后由司仪导引，到奉天殿朝见天子，到东宫拜见皇太子。朝见完毕，天子赐宴。接着，皇太子、省、府、台一一设席宴享。蕃王返回，先后向天子、皇太子辞行，然后由官员慰劳并远送出境。其间的每一个程序都有"仪注"加以规范。

军礼

在古代，天子主要以军礼的威严慑邦国。针对那些以下犯上的诸侯，天子通常会调集军队，对其进行大规模的征伐和镇压活动，即行军礼。军队出师讨伐是极其重要的国家大事，从准备出师到凯旋庆功，皆有一定的仪式。即使出师败北，也有特定的回师、慰问仪节。

大师之礼在"三礼"中记载极少，只在《周礼》中有零星记载。本文内容材料大多来自唐代的《通典·军礼》和《开元礼》。

1. 出师祭祀

所谓"国之大事，在祀与戎。"就是指军队的动用是国家的大事。所以天子非常重视，不到逼不得已，通常情况下不会轻易出征。军队出征，天子率兵亲征与命将带兵有所不同，并且两者的礼数规格也不同。大师之礼，指的是天子率军亲征。在军队出征之前要举行祭天、祭地、告庙和祭军神等祭祀活动，即《礼记·王制》所云："天子将出征，类于上帝，宜于社，造于祢……祃于所征之地。"下面对这些祭祀活动予以简单介绍。

（1）类于上帝：天子在出征前，需要首先祭祀天帝，称之为类祭，该仪节非常隆重。首先要由有司占卜吉日，占卜前一天，天子及诸臣、众军将皆要斋戒。祭祀前三日，设坛、陈设御位及其他参礼者之位、准备祭牲。祭祀的时候，天子需要身穿武弁的服饰、搭乘用皮革覆盖的战车从王宫出发，去往郊外祭天的场所。此祭祀主要有以柴燔燎牲、玉于圆丘之上等仪节，目的是通过燃烧而生成的牲、玉之气，把即将出兵征伐之事禀告天帝，让天帝知道自己所行的是正义之师，从而可以以天帝之命出征讨伐，并得到天帝的帮助。

（2）宜于太社：祭天之后，要进行宜社仪式，也就是祭祀土地神。征伐敌人是为了安民卫国，因此也要告知土地神，并征得其同意及保佑。祭社前的各项活动与祭天基本相同，只是在祭祀之时是把祭品埋于方丘之下，以便地神享用。

（3）告于太庙：出征前告庙称为造祢。造，告祭。祢，原指父祖之庙，在此泛指宗庙。天子亲自出师，所告祭的是太庙。古人外出聘问或兴兵打仗之前，皆要告祖，是表达其行为"受命于祖"之意。即《通典·礼典》所云："受命于祖，以迁庙主载于齐车（斋戒时所用之车）以行。"孔颖达注曰："告祖以行，示不自专，故言受命。必以迁主行，言必有尊也。"这就是指，天子在出征前，需要前往太庙告祭，并将在位天子的已逝去父亲的牌位放在齐车上随军出行，这称之为迁庙主；如果无庙主可迁，则将用于告祭太

出师祭祀等所用礼乐之器

庙的币、帛、皮、珪等载于齐车随行,以代庙主。每天晚上都要祭奠,之后才可安寝。除此之外,军队出征归来时,也要到太庙告祭,告祭结束,要把币、帛等祭祀之物藏于庙的东西阶之间。

祃祭主要有两种。一种是在军队出征前祭祀牙旗,称为祃牙。张衡《京都赋》曰:"戈矛若林,牙旗缤纷。"薛综注云:"谓古者天子出,建大牙旗,竿上以象牙饰之,故云牙旗。"古代天子出征,竖起用象牙做装饰的大旗,作为行进中队前引导或作战时阵上指挥的旗帜。

祭牙旗仪式中,太祝要跪读祝文,就是指祭牙文。由于祭牙文多为临时撰写,所以各个朝代多有不同,但都表达了威武神圣之意。如东汉滕辅写道:"恭修高牙,神武攸托。"顾恺之写道:"烈烈高牙,阗阗伐鼓。"也就是说,祭牙旗有鼓舞士气、壮军威的作用。

除此以外,祃祭还可用作在对阵前对军神的祭祀。《礼记·王制》曰:"祃于所征之地。"孔颖达云:"若至所征之地祭者,则以黄帝、蚩尤之神,故亦皆得云祃神也。若田狩,但祭蚩尤而已。"也就是说,古人把黄帝、蚩尤作为军神来祭，祈求他们可以保佑战争取得胜利。

（4）軷于国门：南朝梁《和武帝宴》曰："犒兵随后拒，軷祭逐前师。"古人出征之前，还要祭路神，称为軷祭，与诸侯国行聘礼之前的祖道意思基本相同。軷祭最初行于道路之上，后来于国门外行此礼。唐《开元礼》曰："軷，为山象也。"军队出发之日，先在国门外用土堆成軷，以"菩刍棘柏为神主"，并把神座朝南陈设在軷的前面，在神座之左陈设樽、罍、筐等祭器，并要宰羊以祭。天子将要到来时，太祝取币帛，跪在神座之前祭祀；接着有司献脯醢于神座前，并把羊放在軷上；之后，太祝洗手洗爵并酌酒，在神座前跪着祭祀，祭祀完毕后站起身阅读祝文，并埋藏祭物于神座西北。此时天子驾到，太祝把爵中斟满酒，交给太仆卿，太仆卿左手执辔，右手端着酒爵，把酒依次浇在车两轮的轴端和轼前，然后把酒饮尽。最后驱车从軷上碾过，表示从此出征路上无险阻。

（5）告祀过山川：天子出征或狩猎，都要告祭所经过的名山大川，以求保佑。具体情况不同，祭祀规格也有所不同："岳镇海渎用太牢，中山川用少牢，小山川用特牲。若行速即用酒脯。"祭祀之时也要临时撰写祝文大声宣读。

2. 誓师典礼

出师前，对出征的军队要进行一次总动员，即誓师。在誓师典礼上，要宣讲出征的意义，揭露敌人的罪恶，告诫将士严守军纪，并鼓舞其保家卫国、奋勇杀敌。因此，《司马法》中："有虞氏戒于国中，欲民体其命也。夏后氏誓于军中，欲民先成其虑也。殷誓于军门之外，欲民先意以行事也。周将交刃而誓之，以致民志也。"《尚书·甘誓》中记载了夏启将要讨伐有扈氏之前，在誓师典礼上告诫六军将士的言辞。首先说："嗟！六事之人，予誓告汝：有扈氏威侮五行，怠弃三正。天用剿绝其命，今予惟恭行天之罚。"意思就是说：有扈氏违背天意，轻视金木水火土这五行，怠慢甚至抛弃了我们颁布的历法。因此，上天要让他们的国运断绝，现在我只有奉行上天对他们的惩罚。在此指出了将要讨伐之人的罪行。

紧接着便是宣布军纪，鼓舞士气："左不攻于左，汝不恭命；右不攻于右，汝不恭命；御非其马之正，汝不恭命。用命，赏于祖；弗用命，戮于社。予则孥戮汝。"意思就是说：将士们如果不能各司其职、恪尽职守，那么就是不服从

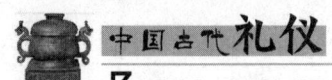

我的命令。听命于我的人，我就会在先祖的神位前赏赐他；反对或不服从我的人，我就会在社神的神位前惩罚他。我将把你们降为奴隶，或者杀掉。

天子率军亲征，并亲自宣讲誓师之辞，虽简洁明了，无豪言壮语，却具有极强的权威性和感召力，震撼人心。

除此以外，《汤誓》《牧誓》等篇，也都是誓师之时用以告诫将士的言辞。

3. 军中刑赏

行军打仗，最重要的就是纪律严明。而将士们为国效力，随时有伤残的可能，甚至于丧失生命。所以对于将士的刑赏就更应严明。赏赐是对有功将士进行精神和物质方面的鼓励。精神鼓励可以给予将士一些荣誉称号，授予一些勋爵封号等，以提高其社会地位；物质刺激就是直接授予官职并给予金银财宝等赏赐。但是，对于在战场上不服从命令、贪生畏死以及懈怠行事甚至影响战事的行为要严厉惩治，军法处置。

《通典·军礼》曰："及战，司马巡阵，视事而赏罚。"在作战之时，司马会及时巡视将士们的作战情况，之后根据他们的功过进行赏罚。

除此之外，古人发动战争，进入别国领土之后，也有一定的军纪，违背者也要受罚。春秋时的《公羊传》记载，西周的兵礼是"不斩祀，不杀厉，不获二毛"，就是指自觉维护他国的祭祀设施，不俘虏上了年纪的老人。《司马法》曰："逐奔不过百步，纵绥不过三舍，是以明其礼也。不穷不能而哀怜伤病，是以明其仁也。"即战场追击不要超过百步，战役追击不要超过三天的行军，这是两国交战之礼；不杀尽无力反抗者及老弱病残者，这是仁义之举，是对敌方百姓的安抚。

4. 命将出征

天子为一国之尊，如非紧要关头则不会亲临危险的战争之地。因此，古代战争大多为命将出征。命将出征，同样要进行出师之前的祭祀，但没有祭天之仪。

命将出征仪式也极为隆重，天子要授斧钺给主将，预示着把军队的全部权力交给主将，并期待战争能取得胜利。历史上命将出征事件太多，《通典·

礼典》中记载了几件大的命将出征事件。

刘邦在刚刚被封为汉王之际,定都汉中。他要平定三秦,于是选定吉日,斋戒,设置了一个坛场作为拜将台,拜韩信为大将军,让他统领军马,可以部署诸将,东出陈仓,收复秦地。

三国时魏国要遣将出征,"符节郎授节钺,跪而推毂",要跪下并推动车轮,可见对所命主将的重视。

北齐命将出征之际,太史必须在庙中进行三天斋戒,然后卜筮出好日子,最后授给命将战鼓和军旗。授斧钺之日,皇帝服衮冕,至庙,拜于太祖。祭告完毕,降于中阶,召令主将至于前,持着钺的首端,而将柄端交给将军,说:"从这里往上直到天宇,都由将军全权管理。"接着又拿起斧,拿着斧柄而将斧刃授予将军,说:"从这里往下直到黄泉,也由将军全权管理。"将军接受斧钺后,回答说:"臣听说国家大事,处理决断都必须依靠君王,不能受外面的干预,军队中的事,变化多端,处理决断都必须依靠将领,君王不能遥控作战。臣既然接受任命,拥有了鼓、旗、斧、钺之威严,还希望您能给我一道命令。"皇帝便说:"如果所做之事有利于江山社稷,就由将

拜将台

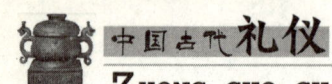

军裁断。"将军登车载斧钺而出。皇帝将将军乘的兵车的车轮推动后,指着城门说:"从这里往外的事情,由将军控制。"唐赵蕤所著《长短经》(又叫《反经》)所记与此大致相同。

隋朝制度规定,皇太子亲征或将军出征,都需要用小公猪的血涂抹战鼓的缝隙,也都要祭祀行社宗庙。受斧钺的仪式结束后,就不允许在自家留宿。

《司马法》曰:"进退唯时,无曰寡人。"《汉书》曰:"唯闻将军之命,不闻天子之诏。"也就是说,由天子亲授斧钺的将军,一离开国都,他的命令就是至高无上的,超过天子。作为将士,就应当听从将军的命令行事。

5. 宣露布

诸侯代替臣民向天子上书时,不缄封的都叫作露布,这是区别于封缄而言的。在汉末,也把军中檄文称为露布。北魏到唐代,战争捷报也称为露布。《通典·军礼》曰:"后魏每攻战克捷,欲天下闻知,乃书帛,建于漆竿上,名为露布,自此始也。其后相因施行。"这也就是说,每当攻战克捷,战胜者就把报捷的书信置于漆竿之上,以便天下人都知道,因此称捷报为露布。这种称谓一直延续到唐朝。

隋朝时,隋文帝杨坚诏命太常卿牛弘撰宣露布礼。后来平定陈国以后,元帅晋王上了露布,经过兵部的奏请,依照新礼举行宣露布仪式。文武百官、客使等都赶赴广阳门外,穿着朝服,各按官阶列队。内史令称有诏,在位者皆拜。宣露布完毕,众人再次下拜。之后举行庆祝,奏乐舞蹈,三通舞过后,在位者又拜,然后仪式结束。

唐朝每次平荡贼寇之后,也宣露布,仪节与隋大致相同,但地点为东朝堂。

后来宣露布演变成了今天的"通告""公告"。

6. 凯旋、献捷及饮至

军队胜利而还,称为凯旋。凯旋之时,皆要奏军乐、唱军歌,以示庆祝。《周礼·春官·大司乐》:"王师大献,则奏恺乐。"注云:恺乐,"献功之乐也"即凯旋之乐。《周礼·夏官·大司马》曰:"若师有功,则大司马左执律、右秉钺以先恺乐献于社。"就是说,如果军队打了胜仗,大司马就左手拿着律管，右手拿着大斧，雄纠纠、气昂昂地走在班师的队伍前面，高奏凯乐向社稷宗庙报捷献功。《礼记·王制》说，出征前，要在祖庙中接受祖先的征伐命令，到大学里听取先师的计谋，即"受命于祖，受成于学"。而当征战胜利返回朝廷后，还需要去往祖庙陈述作战情况，同时也要去往大学向先师祭祀，将战争中俘虏和杀死的敌人数目一一上报。即"出征执有罪反，释奠于学，以讯（俘虏）馘（为计杀敌数目，而割取的被杀敌兵之左耳）告"。

在命将征讨敌人的战争结束后，将军得胜而还献俘时，都要奏凯乐。后晋昫等著的《旧唐书·凯乐》对其有详细记载："其凯乐用铙吹二部，笛、筚篥、箫、笳、铙、鼓，每色二人，歌工二十四人。乐工等乘马执乐器，次第陈列，如卤簿之式。鼓吹令丞前导，分行于兵马俘馘之前。将入都门，鼓吹振作，迭奏《破阵乐》等四曲。"接着，其又解释说："受律辞元首，相将讨叛臣。咸歌《破阵乐》，共赏太平人。"《应圣期》曰"圣德期昌运，雍熙万宇清。乾坤资化育，海岳共休明。辟土忻耕稼，销戈遂偃兵。殊方歌帝泽，执贽贺升平。"《贺朝欢》曰"四海皇风被，千年德水清。戎衣更不着，今日告功成。"《君臣同庆乐》曰"主圣开昌历，臣忠奏大猷。君看偃革后，便是太平秋。"四支曲子所表现的具体内容尽管有所不同，但都是歌功颂德的作品。

奏乐献俘的仪节在《旧唐书·凯乐》中也有具体规定："次协律郎二人，公服执麾，亦于门下分导。鼓吹令、丞引乐工等至位立定。太常卿于乐工之前跪，具官臣某奏事，请奏凯乐。协律郎举麾，鼓吹大振作，遍奏《破阵乐》等四曲。乐阕，协律郎偃麾，太常卿又跪奏凯乐毕。兵部尚书、太常卿退。乐工等并出旌门外讫，然后引俘馘入献及称贺如别仪。别有献俘馘仪注。俟俘囚引出方退。"由此可见，战争得胜后的献捷是值得大肆庆祀的事情。

战争得以胜利，天子定然要对将士论功行赏。北朝民歌《木兰诗》中的"归来见天子，天子坐明堂。策勋十二转，赏赐百千强"，指的就是凯旋之后天子论功行赏的场面。在赏赐将士的同时，要举行奏凯庆功之宴，称为饮至，君臣同庆战争的胜利。

此外，在对有功之臣重赏的同时，还要对那些在对战中扰乱军纪，或是给战争造成严重损失的人，进行严厉惩罚。《司马法》曰："夏赏于朝，贵善也。殷戮于市，威不善也。周赏于朝，戮于市，劝君子惧小人也。"赏罚分

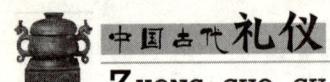

明，是军队，乃至国家治理的必要手段。

7. 师不功

两军对垒，总是要分出个胜负。古时的军队打了败仗，叫作"师不功"，或称为"军有忧"。《周礼·夏官·大司马》曰："若师不功，则厌而奉主车。王吊劳士庶子，则相。"就是说，如果军队失败，大司马就要戴上丧冠，护卫着装载迁庙主和社主的车返回。天子则要吊唁、慰劳公卿大夫在战争中死去或受伤的子弟。

亲万民的嘉礼

嘉礼是古代礼仪制度中，内容最为繁复的一种礼仪，它涉及日常生活、王位承袭、宴请宾朋等诸多方面的内容，大致可分为饮食、婚冠、宾射、飨燕、脤膰、贺庆等礼仪。其中以冠礼、婚礼、射礼、飨礼、宴礼、贺庆礼等礼仪最为重要。

冠礼，古代男子年满20岁时所行的一种成人典礼。即加冠以示成年［女子15岁时亦行笄（簪子）礼，以示成年］。它是一种非常隆重的礼仪。冠礼在家族的宗庙举行，主持者是将要行冠礼者的父亲。首先，父亲要先于冠礼之前进行占卜，用来确定行礼的日期和为儿子加冠的来宾。然后将日期告知宾客。到了行冠礼的当天，祭礼者的席位安置在宗庙阼阶（堂前东阶）北端，将加冠者由东堂出来就席，然后来宾们为他梳头、挽髻并加簪。其后在他父亲的主持下，由已确定的那位来宾十分庄重地为他加冠。加冠为三加，即始加、再加、三加，分别冠以不同样式的帽子，代表了不同的寓意。始加，戴缁（黑色）布冠，表示可以治人和治家；再加，戴皮弁（一种用白鹿皮缝制成的帽子），表示今后要服兵役；三加，戴爵弁（一种像爵状的黑色帽子），表示有权参加祭祀活动。如果是诸侯行冠礼，于三加之后还有四加，戴玄冕（又称元冕，一种外黑里红的礼帽）；帝王天子行冠礼，还要五加，戴衮冕。衮冕和玄冕在颜色与形状上区别不明显，只是旒（冕冠前后悬垂的玉串）的数量有多有少，玄冕为前后各三旒，衮冕为前后十二旒。加冠之后，人们向加冠者敬酒以表示祝贺。然后加冠者从西阶下，去拜见自己的母亲。再回到西阶东，由参加冠礼的来宾们给他起"字"。因此，古人有冠和字都标志着已进入成年。最后，加冠者身着礼服和礼帽，带着礼品，去拜见兄弟姐妹。而主人则向宾客敬酒或赠送礼物，以表示感谢。冠礼的仪式自周代开始已形成一种固定的形式，以后历代相袭，只是加冠的程序逐步简化，有的减为二加，有的甚至减为一加，但仪式依然隆重、庞杂。

冠礼

唐宋时期，针对身份尊贵的皇太子和皇子，专门制定了冠礼仪式。冠礼在宫内举行，但先要奏告天地、宗庙、社稷、诸陵以及宫观。冠礼举行前，先于正殿门内设摆香案，陈设乐器。皇帝不直接主持冠礼仪式，由"典仪"负责，但会亲临现场。为太子、皇子加冠者并非一人，由掌冠者、执冠者、赞冠者等多人组成。自仪式开始后，每加一冠，乐队奏乐，由掌冠、赞冠者为他"跪簪结纮（冠冕上的丝带）"，即插簪、系带，固定冠冕。三加之后，掌冠、赞冠者用爵盛酒进献太子、皇子，再为他进字。到这里，冠礼完毕，皇帝及官员相继退朝，太子或皇子再入内官拜见太后。历史上，太子、皇子或诸侯后代未必20岁才行冠礼，有的不到年龄即已加冠，如周文王年仅12岁就行冠礼，周成王15岁加冠，周召公19岁加冠。对于帝王和诸侯的后代来说，加冠就意味着可以继承父业，治国安邦。古代也称冠为"元服"，进元服也就是行冠礼。

婚礼，即男女结合为夫妻时所举行的礼仪。据《礼记·士昏礼》记载，古时的婚仪又分为六种仪式，也就是六个阶段：一为议婚，商议婚配，又叫"纳采"。一般是由男家请媒人到女家提亲，媒人实际是纳采的主角，也是婚礼中的重要角色。远古时期的婚配是没有媒人的，所谓"男女杂游，不媒不娉（聘）"。周代以后，婚配礼仪逐渐形成，为人做媒的议婚方式也随之出现，"取（娶）妻如之何？匪（非）媒不得"（《诗经·齐风·南山》）。纳采时，以送雁为礼，是取雁飞南北、合于阴阳之意，寓指男女成亲。二是问名，就是指询问女子的闺名。经过媒人的纳采，女家表示同意后，男方再派人执雁到女家，向主人问名，女家则设筵款待。问名的目的是将女子之名、出生时辰等做一占卜，以测定婚配的吉凶。三为纳吉。若占卜预测婚配吉顺，男方即将吉兆的消息告诉女家，同时还要再以雁为礼物，从而正式确定婚姻，即订婚。四为纳征（又称纳币）。正式订婚后，男家要向女家送去玄纁（作为仪物的币帛）、束帛、俪

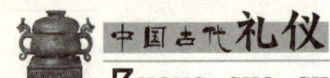

皮（成对的鹿皮）等贵重的礼物。五为请期。纳征之后，男家便又一次占卜，以确定吉日成婚，再派人去女家通告日期，但表面上却表现得很谦逊，好像在向女家请问日期，所以称之为请期。六为亲迎。到确定的成婚之日，新郎要亲自前往女家迎接新娘，后来又叫迎亲。来到女方家里，新娘的父亲需要到门外迎接新郎来到屋内。新郎仍以雁为礼物交予女家。行礼之后，新郎将新娘从女方家接走，而女方家父母不需要将之送到门外。新郎先亲自驾车，请新娘坐于车上。然后他再将车交给专门的驭手赶车上路，自己则另乘车先行赶回家中。待新娘到，由新郎迎入家中。家里则设宴，新郎、新娘于席间须进行"同牢"（同吃供祭祀的肉食）、"合卺"（用一个葫芦分成的两个瓢，是古代婚礼中的酒器。合卺，即两人各持一瓢用酒漱口）等仪式，预示相亲相爱。宴会结束后，脱去礼服，入新房，新郎亲自摘下新娘头上的缨（一种彩色的带子，古代女子自订婚后就系于头上），撤去蜡烛。婚礼的仪式也就结束了。不过第二天早晨，新娘还需拜见舅姑（公与婆），行见舅姑仪，要分别向他们进献枣、栗和腶脩（一种经椎捣并加姜桂的干肉）。

知识链接

古代游戏性礼仪：射礼

射礼包括三番射、宴饮等仪节。射前、射后之宴饮，射中射者之进退举止等，皆渗透着礼仪，参加射礼的人可从中得到德的教化。因此，古人以射礼来"立德正己""观德择士"。此外，还有一种由射礼演化而来的助酒娱宾的游戏性礼仪——投壶之礼。

射箭，本是强身健体、保家卫国之事，然而古代统治者，却以礼的形式予以规范，和以圣乐，赋予其更多的文化与道德内涵，使射箭一事成为古代君子获取社会尊重及荣耀的途径之一。可以说，射礼集道德教化、礼乐熏陶、体育锤炼、竞争引导于一体，倾注了华夏数千年文明深厚广博的内涵。

第二章

中规中矩——礼仪的规范

　　礼仪之所以产生,这与当时的社会发展有着紧密的关系。上古时代,礼仪活动是人们生活中的一项重要内容。在春秋战国之时,已积累了烦琐的为各种名目举行的典礼。举行典礼,要求仪式不能有丝毫差错,贵族都非常注重礼仪的演习,所以,习礼也成为贵族教育的重要部分。

第一节
礼器与礼服

礼器的含义

　　礼器是古代帝王和贵族在举行祭祀、朝聘、宴享、征伐、丧葬等礼仪活动时，所陈设及使用的器皿等物，又叫彝器。按种类划分，可分为烹煮器、食器、酒器、容器、水器等。这些器类起源于远古时期人们的生活用具，最初是陶制、石制或玉制器皿，进入青铜时代以后，又多用铜与铅、锡的合金制作。这些礼器在礼仪制度建立过程中，由于使用于典礼仪式，往往被当作礼的象征，而且作为区分贵贱等级的标志。

　　烹煮器主要用于盛煮牲肉等食物，分为鼎、镬、鬲、甗等器物，其中以鼎最为重要。在诸多的礼器中，鼎是统治权力的象征。周礼规定，天子列九鼎，以九鼎代表九州，以示驾驭、治理天下；诸侯七鼎；卿，上大夫五鼎；元士三鼎。可见鼎数量的多少，也表现了统治集团内部等级的高下，如不按这个规定列鼎，就被视为"僭越"，即冒名超越了自己的名分，是大逆不道的。进入春秋时期以后，由于诸侯国实力日渐强盛，他们开始对周礼中等级分封的限制非常不满，甚至也产生了像周天子那样立九鼎于天下的野心。春秋"五霸"之一的楚庄王，经过对楚国的治理，国势强大，先后用兵于中原地区的陈、蔡、郑、宋等国，并击败了称霸中原的晋军，气焰嚣张，不可一世。这位楚庄王在尚未称霸之前，就曾向周天子"问鼎"。在公元前606年，楚庄王率兵征伐洛水流域的陆浑戎（西部的一个民族），途经周境（这时的周朝疆域只相当于一个小诸侯国）按兵不进。在位的周定王急忙派大夫王孙满前去慰劳楚庄王及其楚军。楚庄王见到王孙满便有意问起天子九鼎的大小、轻重。对此，王孙满语气十分严厉地给予了回绝，他认为"立鼎"是政权的标志，所以"周德虽衰，天命未改，鼎之轻重，未可问也"（《左传·宣公三年》）。当时楚庄王要称霸天下，但王孙满不忍看见周王室衰颓，而尽力维护其统治，他们就围绕着鼎这种礼器展开了一场历史上的闹剧。九鼎在后来历代王朝的历史中，也依然是统治权力的象征。

食器是主要用于盛放黍、稷、稻、粱等熟食的器物。与鼎一样，食器在举行礼仪活动中的数量也是有规定的。在古代礼仪活动中，是离不开酒的，因此酒器与礼仪有着极其密切的关系。酒器又分盛酒器与饮酒器。酒器主要有尊彝（即爵）、角、觯、觚、斝、觥等。容器是指卣、盉、尊、罍、壶等用于盛酒或水的器物。水器包括盘、盆、匜、鉴等器物。进食前的盥洗是古人举行礼仪时必做的一件事。水器当中匜就是专供洗手用的一种器皿。这反映了古人礼仪的内容和良好的卫生习惯。

礼器的分类

商周礼器的范围相当广泛，既有玉制的礼器，如琮、璧等，《周礼》中说："以苍璧礼天，以黄琮礼地。"又有竹木等制的，如俎（即案板）豆（豆有铜、陶、竹、木豆）等，如孔子七岁学礼，"陈俎豆，设礼容"；但最主要的还是青铜礼器。青铜礼器也有许多门类，其最常用也是最主要的则是饮食器皿。下面按其类别，简单介绍一下。

1. 烹饪器

烹饪器是古人煮牲肉，盛牲肉，调味和蒸黍、稷等所用的器具。主要有鼎、鬲、甗、甑、镬等。

（1）鼎：鼎的形状一般是圆体，大腹，立耳，三足，少数为方形，四足。

鼎在原始社会时期即已出现，是用来煮肉的一种烹饪器，其制作材料多为陶。进入奴隶社会后，鼎改用青铜铸造，并成为最重要的礼器。商周之鼎，分成三类：一是镬鼎，其主要用途是用来煮牲肉及鱼、腊等。此类鼎形制最大，著名的司母戊鼎

司母戊鼎

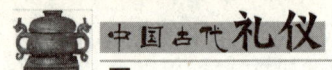

便属镬鼎。二是升鼎，又称正鼎。其主要功用是盛放镬鼎煮熟的肉食。其名用"升"，说的就是将镬鼎中的牲肉升到升鼎中去的意思。三是羞鼎，又称陪鼎。羞就是用牲肉等为主料制成的滋味鲜美的调味肉羹，用来给升鼎内的牲肉调味。所以羞鼎即是盛放佐味肉羹的鼎，因其必须和升鼎相配使用，故又称为陪鼎。

（2）鬲：鬲的形状为圆腹侈口，其下有与腹相连的三足，称为袋足或款足，足尖呈乳头状。采用这种结构，可以扩大腹部的受火面积，将食物迅速煮熟。

鬲的主要用途是煮粥，它的产生时间也比较早，在新石器时代即已出现了陶鬲。商周时鬲用青铜制造，并进入礼器的行列。西周时还出现了个别的方鬲。但到战国晚期，鬲就不多见了，基本上趋于消亡。

（3）甗：甗的形状，上体多数为圆形立耳，少数为方形两耳，敞口束腰，下有三款足。器中穿一圆铜片相隔，称"箅"。箅可以开合，上面有通蒸汽的十字形或直线形小孔。

甗是一种蒸食器，其主要用途是蒸饭，在其下部烧水，通过箅孔将饭蒸熟。它也出现于新石器时代，商周时成为礼器之一。

（4）甑：甑也是一种蒸煮器。其形，上部敞口，口缘平折，腹壁内折，下有圈足。底部亦有箅，箅孔可通蒸汽。

（5）镬：镬，也称"釜"，其口有大有小，腹下部微微外突，左右有环耳，平底。其主要用途是盛放蒸煮用水。

2. 设食器

设食器是古人盛放黍、稷等主食的器具。为保温之故，设食器多有盖，盖可却置，便于进餐。下面主要介绍簋、敦、簠、盨、豆五种。

（1）簋：簋的一般形状为圆形侈口，圆腹圈足。口侧或有二錾，底或带方座，或带支足。簋的形制，样式较多，各代都不尽相同。

簋的主要用途是盛放熟饭，如后世的大饭碗。它出现于原始社会时期，进入商周亦成礼器。目前已知最大的铜簋，是于1978年在陕西扶风出土的周厉王簋，其重量达60千克，说明它并非实用器物，而纯粹是一件礼器。

（2）敦：敦的形状为大口圆腹，二环耳，三短足。敦盖与敦身对称，盖上有三环，合盖则成球形，故俗称"西瓜鼎"。

敦由簋演变而来，其用途与簋相同，为盛食器。春秋以后，敦取代了簋的地位，战国时十分盛行。

（3）簠：簠长方形，侈口，分为盖、身两部。两部分的大小、形状乃至纹饰都相同，故分开则成两器。器底和盖顶均为平顶，其四角有矩形短足，四面为斜坡至口，口沿铸小兽或子母口，使盖、身吻合。

簠的用途亦与簋同，都是盛食祭神之器。它出现并盛行于西周，止于战国。

（4）盨：盨敛口双耳，鼓腹圈足。有盖，盖与器身皆呈长方形，而圆其四角，盖上捉手与器足同，但其形较小。

盨是簋、簠结合的产物，其功能和用途亦同于上述二器。盨出现时间较晚，西周中期时方见其器，它存在时间也相对较短，春秋以后已从礼器中消失。

（5）豆：豆呈半圆形，其器上方为圆盘或碗形盘，下有高圈足或高柄圈足，侧有两环。豆或有盖，盖亦为半圆形，器盖相合，则整体呈扁圆形。

豆的用途，本为盛放黍稷之类，西周后改盛菹醢，即酸菜与肉酱。豆出现于新石器时代，目前所见最早的铜豆，是出土于山西保德的商代晚期制品。春秋战国时期，豆作为礼器十分流行，是当时的常用礼器。

3. 酒器

古人祭祀必有酒，故而各类酒器也成了礼器的重要组成部分。下面按盛酒、温酒、调酒、饮酒的程序，分别介绍各种酒器。

用于盛酒的器皿主要有尊、壶、罍、方彝、卣、觥等。

（1）尊：尊的一般形状为侈口，高颈，鼓腹或筒腹，圈足，但历代尊的形制极不一致，有的侈口筒状，有的短颈垂腹，有的圆口方体，有的以鸟兽为形，还有的整体呈方形，如著名的四羊尊，就是方尊。

尊出现得很早，新石器时代已有陶尊。商代以后，尊作为一种盛酒器，是一种使用

殷墟出土文物青铜觥

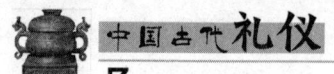

极为广泛的礼器。尊在礼器中的地位极高，仅次于鼎，故而古人方有以"尊彝"来统指礼器的用法，并把尊作为酒礼器的通名。

（2）壶：壶的形状一般为小口，有盖，长颈圆腹，圈足贯耳。新石器时代已有陶壶。商周以后，壶的形状因时而异。商代的壶多为扁圆形，宽口垂腹，贯耳圈足。周代的壶呈圆形，大腹长颈，有盖，肩上有兽头形衔环的双耳。西周中晚期又出现了方壶。春秋之壶，鼓腹长颈，肩有双伏兽，其代表是在安徽寿县蔡侯墓中出土的莲鹤方壶。此壶形体高大，高达122厘米。壶身饰有蟠曲龙纹，镂成两只龙形大耳，四脚有立体怪兽，圈足下伏着咋舌的双兽。壶盖四周有莲瓣两层，中央的立鹤振翼长鸣，宛似展翅欲飞状。此壶构思精美，造型生动，工艺精湛，一改商周礼器的庄重之风，实属不可多得的艺术珍品。战国以后，壶的形态更趋繁多。

壶的功用，既可盛酒，又可兼作盛水器，故后来有水壶之称。

（3）罍：罍又作"櫑"，其形有两种：一为方形，有盖，宽肩小口，深腹圈足，双耳；一为圆形，大腹，圆足，两耳，器身下部有鼻，鼻多作牛首形。安阳殷墟五号墓出土的罍，器身有两道纵浅绳纹，肩上有衔环双耳，鼻为兽形，腹部下收，平底圈足，有盖。

罍是从原始时代的陶罐分化而来的一种容器，既可盛酒，亦可盛水。作为礼器，它在商周时代比较流行，但在壶兴起后，很快就被壶取代了。

（4）方彝：方彝呈方形，方口，方盖，方腹，方圈足。其确切形状，可参看从湖北随县出土的曾国方彝。此器方体有盖，盖似屋顶，鼓腹敛颈，圈足直立，四角有棱。

方彝亦是盛酒器，出现于商代晚期，一般在其器上都有繁复的花纹，与鸟兽形尊、觥一样，属于酒器中的豪华礼器。西周中期以后，方彝渐趋衰落。

（5）卣：卣呈椭圆形，大腹，敛口，圈足，有盖，上有提梁，以便挂于两肩。

卣的用途是专门盛以秬鬯泡过的酒，在祭祀典礼结束后，把酒洒在地上，以享鬼神。卣盛行于商周之际，河南信阳商代墓葬出土的铜卣中，保存了目前所知我国最早的酒。到西周末年，在礼器中已很难见到卣了。

（6）觥：觥腹椭圆，或呈方形，圈足或四足，有鋬，其口有流，盖作兽形。

觥最初取形牛角，故又有牛角状觥。觥的主要功能为盛酒，但因其口带流，便于吸饮，故也兼作饮酒器用。觚盛行于商末周初，西周后期即已消亡。

用于温酒与饮酒的器皿主要有爵、角、觯、斝、盉等。

（7）爵：爵的形制，腹深而圆，口侈而长，口前为用于倾酒的流，后为尾，流的根部有两立柱，柱顶圆帽，腹侧有把手，腹底为平底或环底，下有三棱足。爵的形制还有方腹四足的，也有带盖无柱的。

铜爵从原始陶爵发展而来，最初多用为温酒器，故其底或留有烟炱。后转为温酒饮酒并用，甚至饮酒的功能超过了温酒。现存最早的铜爵出土于二里头文化遗址，它也是目前发现的最早的青铜礼器。西周末年，爵渐被废弃。在青铜礼器中，爵的地位很重要，传世的铜爵铭文中，它们都自铭为"尊彝"或"宗彝"。

（8）角：角形与爵相似，但其口无柱无流，两端皆呈尖角状。

角比爵形制要大，最初可能是一种小型的盛酒器，后演变为温酒器和饮酒器。角作为一种礼器，主要流行于商周之际，后渐遭废弃。

（9）觯：觯多为椭圆形或圆形，侈口短颈，鼓腹圈足，形似尊而小，有的还有盖。

觯是一种饮酒器，其前身是陶觯。觯盛行于商及周初，西周中期以后衰落。

（10）觚：觚身细瘦，长颈侈口，细腰高足，有觚棱，通腹面部有精细的花纹。

觚是一种饮酒器，其容量不及爵的一半。觚的前身是陶觚，从商代直到周初，它都作为专用饮酒器而存在，西周中期后，它和觯等一起衰亡。

（11）斝：斝亦称为"散"，其形与爵相似，但比爵大，口上无流无尾，平底之下有三尖足。另还有其他一些形制。

斝主要用于温酒，有时也可用来饮酒。陶斝的历史久远，可以追溯到公元前两三千年。铜斝在商周时代一直行用，也是酒器中的一种主要礼器。

（12）盉：盉形大腹敛口，前有管状长流，后有大把手，上有盖，下有三足或四足。春秋战国时期，盉足多呈圈足式，有点近似于后代的茶壶。

盉是一种调酒之器，即用水调兑酒的浓度，然后注入爵等酒器中备用。古人举行祭祀等典礼时，喝酒必要卒爵，为防不善饮酒者有违礼规，就让其喝搀水酒，称为"玄酒"。盉正是起这种作用的礼器。盉出现得很早，在河姆渡文化遗址中即有陶盉出土。最早的铜盉，则发现于二里头早商遗址中。商

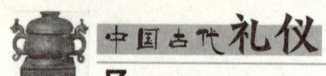

周两代，盉都很流行，战国以后，盉方趋衰竭。

4. 水器

水器指的是古人用来盛水的器具，主要有盘、匜、鉴等。

（1）盘：盘多呈浅平圆形，大口直沿，双耳或无耳，平底圈足。

盘的主要功用是盛水。但由于盘体较大，故古代贵族又将之用来沐浴，或盛冰陈尸。在举行盟誓之礼时，也用盘盛血，供歃血之用。盘的另一种用途是和匜配合，组合成一套盥洗用具。盘出现得很早，新石器时代便已成型。商周以铜为盘，春秋战国时期十分盛行用盘。当时有一特大盘，名为"虢季子白盘"，盘呈长方形，长有150厘米，被称为"宝盘"，这从一个侧面反映了当时用盘的广泛性。

（2）匜：匜呈椭圆形，敞口长流，其后有龙形鋬，下有四足，春秋时匜流多作兽头形，足为三足或圈足，战国之匜则无足。

匜出现较晚，西周中期方始行用，但到春秋战国时特别盛行。匜是盥手之注水器，与盘配合使用。古人吃饭无筷，要用手抓，故食前必要净手。洗

虢季子白盘

手时以匜浇水冲洗，流下的污水则以盘承受。

（3）鉴：鉴大口圆腹，口沿下有二只或四只兽耳，平底。也有的鉴为方形。

鉴盛行于春秋战国时期，主要是盛冰鉴容之器。因其有鉴容之意，故鉴、镜意通。又因鉴形较大，故也可作沐浴之器。但鉴最主要的用途则是盛冰，用以防暑降温或冷藏食物，类似于今天的冰箱，故古人有"冰鉴"一词，正表此意。

春秋青铜蟠螭纹兽耳鉴

吉服的含义

趋吉避凶是中国人的普遍心理，世界上的每个民族也都如此。过节、过生日、结婚是吉事，灾荒、兵败、死亡是凶事。中国的礼法，很重视吉事穿吉服，凶事穿凶服。这一点可以证明，服饰文化不仅与物质生活有关，也与精神生活有着密切的联系。

中国人过传统节日，都讲究服装穿着要尽量好些。宗懔《荆楚岁时记》记南朝风俗，说正月初一"长幼悉正衣冠"。孟元老《东京梦华录》记宋朝汴京过年节时，热闹地段都"结彩棚，铺陈冠梳、珠翠、头面、衣着、化朵、领抹、靴鞋"，供市民购置过节，"小民虽贫者，亦须新洁衣服"。庞元英《文昌杂录》说，从（农历）元旦到立春日，妇女都戴五彩绸制成的华胜，公卿之家"莫不镂金刻缯，加饰珠翠或以金银，穷极工巧"。唐睿宗先天二年，正月十五、十六、十七夜在长安安福门外举行灯会，"宫女千数，一花冠、一巾帔皆至万钱，装束一妓皆至三百贯"，还选择漂亮的民间少女少妇，"衣服、花钗，媚子亦称是"，在高约67米的灯轮下"踏歌三日夜"（张鷟：《朝野佥载》）。就连"深坊小巷"，在元宵前后也到处"巧制新妆，竞夸华丽"（《东京梦华录》）。三月上巳在水边祓禊，也是古代传统风俗。西晋的王公大人都争着到洛水边去，"男则朱服耀路，女则锦绮粲烂"（《太平御览》卷三十引《夏仲御别传》）。当时张协写了一篇《洛禊赋》，特别提到"顾新服之既成，将被除于水滨"。宋朝冬至也是一个大的节庆，"京师最重此节，虽至贫者，一年之间积累假借，至此日更易新衣"（《东京梦华录》）。虽然贫富不一，但力求在服饰中尽可能显出吉庆气象的要求是一致的。

　　过生日，中国古代特别重视小儿周岁、青年二十而冠和老年人逢十的华诞。《颜氏家训·风操》说："江南风俗，儿生一期，为制新衣，盥浴装饰。"据颜之推说，这以后，如果父母双在，做子女的每年过生日热闹一番是可以的。如果父母不在了，子女就不该"不知有所感伤"而大操大办生日；否则，就是"无教之徒"。除非等自己有了子女，子女又长大成人了，再由子女来给过寿。但二十而行冠礼，则是一大吉事。《仪礼》把《士冠礼》列为第一，从中我们可以看到，古代贵族男子的冠礼十分隆重，有许多繁细的仪式，给满二十岁的男青年从头到脚换一身成人的服饰，借以教育他"弃尔幼志，顺尔成德"。什么叫"成德"呢？贾公彦解释说："既冠，责以父子君臣长幼之礼，皆成人之德。"（《仪礼注疏》）女孩子则"十五而笄（指盘发插簪）"，并且系上"缨"（一种颈饰），在服饰上也有所改观，表示已到可以出嫁的年龄了（《礼记·曲礼》）。男二十、女十五，是两个有重大意义的生日。除此之外，民间习俗过生日也都要庆祝一番，换一身吉服。《红楼梦》六十二回写宝玉、平儿等四人碰巧同一天生日，宝玉"清晨起来，梳洗已毕，冠带起来"，平儿也"打扮得花枝招展的"。至于七十一回写贾母八十大寿，南安太妃和北静王妃前来祝寿，贾母等都"按品大妆迎接"。这是因为来祝寿的贵客级别高。第二天都是族中子侄辈来行礼，贾母就"只便服出来堂上受礼"了。当然，这便服的华贵，是不喻自明的。

　　中国人把结婚看做终身大事，所以吉庆气氛装点得格外浓重，新郎、新娘在服饰上都特别讲究。《仪礼·士昏礼》反映的是汉代以前的情况，那时要求新郎戴一顶黑中带红的礼冠，黑色上衣，镶黑边的大红色下裳；新娘头上要戴假发编的首饰，上下身一色镶着大红边缘的深青色丝织品衣裳。

　　《东京梦华录》记北宋汴京的婚俗，婚礼的前一日或当天一早，男家要给女家"下催妆冠帔花粉，女家回公裳花幞头之类"。可见新娘的吉服是男家送去"催妆"的，新郎的吉服则是女家回送的。新娘的冠，同书又称之为花冠子，帔是古代妇女的帔服。新郎的公裳即公服，这本来是有官阶的人才能穿的；幞头是当时男子贵贱通服的头巾，但花幞头则是婚礼特用的吉服。民间习俗，结婚是大喜之日，在服饰上出现一些僭越的现象也不足为奇。事实上，从明代开始官府就承认了这种僭越，正式规定庶民结婚可以用九品命服为吉服。所以后来凤冠霞帔成为新娘的通服，小小老百姓在婚礼举行之际也能权充九品末等官。江南俗称新郎为"新郎官""新官人"，其源或出于此。

至于旧式婚礼中新娘覆面的大红盖巾，究竟起源于何时，前人也有不同的说法。杜佑《通典》卷五九则认为嫁女幪首起于东汉魏晋之际，当时兵荒马乱，民间急于嫁娶，就"以纱縠幪女氏化之首，而夫氏发之，因拜舅姑，便成妇道"。此习俗演变为后来的盖巾。杜佑是唐人，高承是宋人，二说相较，似乎杜佑的说法比较站得住脚。南宋的习俗，新娘的盖巾是在行大礼之前，由男家请一位父母双全的女亲戚，用秤杆或机杼挑去的（吴自牧《梦粱录》卷二十）。挑盖者必须父母双全，当然含有吉祥的含义，秤杆或机杼则是主妇持家的象征。在《红楼梦》里，贾宝玉是自己揭的新娘盖巾，花容一露，真相大白，心中的林妹妹变成了眼前的宝姐姐，登时"两眼直视，半语全无"。

在贫富悬殊的等级社会中，婚礼的吉服规格相差极大。唐代宗室嫁女，单是花冠子一笼就值70万钱。后来唐德宗同时出嫁十一个县主，可能因为县主身份比公主、郡主差一级，唐德宗发话说："笼花首饰，妇礼不可阙，然用费太广即无谓也。宜损之又损之。"减少到3万钱一笼花冠子（《旧唐书·德宗顺宗诸子传》）。当时民间嫁女首饰又如何呢？同时代的王建有《失钗怨》一诗可作比较："贫女铜钗惜如玉，失却来寻一（一作三）日哭。嫁时女伴与作妆，头戴此钗如凤凰。双杯行酒六亲喜，我家新妇宜拜堂。镜中乍无失髻样，初起犹疑在床上。"一支铜钗就是贫家女的唯一新婚首饰。

王建还有一首《当窗织》说："园中有枣行人食，贫家女为富家织。"这使我们想起秦韬玉的《贫女》诗："苦恨年年压金线，为他人作嫁衣裳。"那位失钗的贫女比这位年年做嫁衣裳而嫁不出去的贫女还多一份幸运。

历代后妃命妇的服制

随着历代官服制度的不断变化，后妃命妇的服制也相应地发生了许多改变，换句话说，后妃命妇的服制就是官服制度的附属品。《周礼》记载，周代有"内司服掌王后之六服""辨外内命妇之服"，可见这时后妃命妇服制已经形成。王后的六服是祎衣、揄狄、阙狄、鞠衣、展衣、缘衣，素纱。最后一种素纱实际上不包括在六服之内，而是一种白色的纱制衬袍类的服饰。

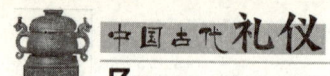

六服都是上衣下裳相连的，其隐含意思是，妇人应该在感情上把从一而终作为美德。六服的前三种是祭服，分别在祭先王、先公时群小服用。狄，就是翟，也就是雉（长尾野鸡）羽。这三种祭服的形制区别不大，都是用缯帛刻成雉羽的形状，缀在衣服上作为装饰，不过前两种还在刻缯上施加彩绘，后一种则刻而不画。三种祭服颜色各不相同，祎衣的颜色是黑中带微红，揄狄的颜色是青色，阙狄的颜色是红色。侯伯夫人等贵妇在随君祭祀时也穿揄狄和阙狄，不过在同样的场合，所穿的祭服要比王后低一个档次，以示区别。如王后穿祎衣时，侯伯夫人等只能穿揄狄。

鞠衣是告桑时穿的服饰，就是指在每年的三月份即将开始养蚕的时候，由王后主持告桑祭祀活动，向先帝祷告桑事时所穿的服饰。所以服色像桑叶初生之黄色；展衣为礼见王及宾客之服，色白；缘衣为侍奉王日常起居之服，色黑。

命妇，就是受有封号的妇女。内命妇，指的是帝王的嫔妃；外命妇是卿、大夫等命官的妻子，其封号的等级是根据其丈夫身份的高低决定的。内命妇中九嫔服鞠衣、世妇服展衣、女御服缘衣。外命妇所穿的衣服规格则由其丈夫的官位高低来决定，孤（周代六卿中地位最高者）之妇服鞠衣，卿、大夫之妇服展衣，士之妇服缘衣。

周代的王后和内外命妇穿礼服时，还配之以大带、蔽膝、袜和舄。舄的颜色有玄、青、赤三等，一般情况下，舄与服同色。自鞠衣以下穿屦。

《周礼》记载的这套后妃命妇服制，成为历代仿古定服制的蓝本。但后人对其形制的解释有所不同。宋代聂崇义编纂《三礼图》，将其绘制成图，不过这只是宋人对其形制的理解而已。

汉代后妃命妇的礼服仍为上衣下裳相连的深衣制，不过皇后、皇太后、太皇太后的礼服上下身颜色不一样，入庙服为绀上皂下，蚕服为青上缥下。其他嫔妃命妇的礼服都是上下一色的，如贵人助蚕服为纯缥色，公卿以下至二千石夫人助祭服为皂色，助蚕服为缥色。蚕服可以作为朝服穿着。

自公主、封君以上的后妃命妇都佩绶带，戴首饰，并将之作为自己身份高贵的标志。其首饰有剪毛帼、假结、簪珥、镊子等。帼是覆盖在头发上的一种发饰，类似头套，上面缀以各种饰物。剪毛帼是用兽毛制成的帼，以簪横贯固定在发上，为太皇太后、皇太后所戴。簪珥以瑎瑁为股，长约33厘米，一端为华胜（就是簪头似花样的装饰物），上面饰以翡翠为羽毛的凤凰，凤凰口衔白珠下垂。皇后用假结（即以铁丝为框编以毛发制成的假髻）覆头，戴步摇簪珥。步摇以黄金为首，用白珠链缠绕其上，上面饰以用翡翠为羽毛的一雀六兽，六兽为熊、虎、罴、狮、牛等，其间用九朵翡翠花环绕装饰。贵人用大手结（假髻之一种），公卿以下，二千石夫人以上用绀缯帼，即一种以绀色缯绢制成的帼。

魏晋南北朝时期，后妃命妇服制在大体上来说，几乎与汉朝没什么区别，但在细节上有所不同。如魏皇后蚕服曾用绣纹；晋又改皇后礼服上下颜色有别为上下纯青，嫔妃等还佩带印绶，三夫人金章紫绶，九嫔银印青绶；南朝也佩绶。

隋代后妃命妇服制沿用袆衣、鞠衣、揄翟、阙翟等名称，又有青衣、朱衣等名目。揄翟、阙翟用衣服上翟的章纹多少区分等级，最高九章，最低五章。唐代皇后见宾客时穿钿钗礼衣，服用杂色不画。戴两博鬓，12钿，大小花钗12支，以仿衮冕的旒。其他内外命妇的礼服还有翟衣、礼衣、公服、花钗礼衣、大袖连裳等名目。翟衣是内外命妇接受册封、从蚕、朝会等场合穿用的礼服。穿时佩蔽膝、大带、绶带，戴花钗、宝钿。翟衣为青地，上面绣有翟纹，有从五等到九等的区别。这里的"等"，不是等级，而是行列的意思，翟几等，就是绣有几行翟纹，所以等越多级别越高。一品命妇翟九等，花钗九支；二品翟八等，花钗八支；三品翟七等，花钗七支；四品翟六等，花钗六支；五品翟五等，花钗五支，宝钿的数目和花钗一样。

宋朝时期，后妃命妇的服制大体上与唐代一样。宋代重视礼冠的装饰，皇后穿袆衣用九龙四凤冠，上有大小花枝各十二，两博鬓；嫔妃穿翟衣用九晕四凤冠；命妇穿翟衣用花钗冠；后妃命妇的常服不分等级，多穿真红大袖衣，红罗长裙，红霞帔，红罗背子，黄、红纱衫，白纱裤等。

辽代皇后平时穿的服装有紫金百凤衫，杏黄金缕裙，戴百宝花髻，穿红凤花靴。金代后妃命妇服饰大致与宋代一样。元朝时期，后妃命妇的服制在历史上没有明确记载，后妃命妇多以姑姑冠为礼冠。

到了明朝时期，冠服制度多次变更，因而后妃命妇服制也多次修订，不过，大体上来说形制与宋朝没什么区别。明代妇女的礼冠同宋代相比更加富丽华美，冠上插缀各种金玉珠翠首饰。在出土的明代礼冠实物中，有的冠上除有各种金玉宝石首饰外，还缀有大小珍珠2000多颗。这样沉重的冠是不可能经常佩戴的，只能在礼仪场合佩戴。明初皇后的礼冠和宋代一样，为九龙四凤冠。永乐三年，重新制定冠的形制：以漆竹丝制成圆框架，两面用罗纱

中国古代礼仪

ZHONG GUO GU DAI LI YI

陶塑古代婚礼习俗

裱糊，外表饰以翡翠。用翠龙九，金凤四，中间的一龙口衔一颗大珠，上有翠盖，下有珠结，其余的龙也都口衔珠滴。冠上饰有翠云40片，大珠花12枝，每枝上有牡丹花2朵，花蕊2个。小花也是12枝。冠两边还各加有3扇博鬓，上面还装饰着金龙翠云并垂有珠滴。除此之外，冠上还用翠口圈、珠翠面花等首饰装饰。洪武三年，定皇后的常服冠为双龙翊凤冠，洪武四年，改为龙凤珠翠冠。永乐三年，重定其形制为：以皂縠装裱冠框，附以金博山。冠上装饰金龙1条，珠翠凤2只，都口衔珠滴。前后珠牡丹2朵，花蕊8个，翠叶36片，珠翠镶花鬓2只，珠翠云21片，左右各3扇博鬓。另外，还有翠口圈、金簪、珊瑚凤冠嘴等首饰。

皇妃、皇太子妃用九翚四凤冠，上有大小花钗各9枝，两博鬓，9钿。常服为鸾凤冠，永乐三年又改定为九翟冠。其他命妇在礼冠上各自有一定的定制，冠上装饰所用的花枝数目随着身份地位降低依次递减。洪武二十六年规定：一品珠翠5个，珠牡丹开头（花开放者）2个，半开者3个，翠云24片，翠牡丹叶18片，翠口圈1副，上缀金宝钿花8个，金翟2个，口衔珠结2个。二品至四品珠翠4个，珠牡丹半开者4个，余同一品。五品、六品珠翠3个，珠牡丹半开者5个，翠口圈1副，上缀抹金银宝钿花8个，抹金银翟1个，余同一品。七品至九品珠翠2个，珠月桂开头2个，半开者6个，余同五、六品。

明代后妃的礼服以翟衣为主，衣上织绣翟纹。洪武三年订立的服制尽管规定皇后礼服为袆衣，但在外形上与翟衣区别不大。命妇礼服为真红大袖衫，背子，霞帔。大袖衫的面料和霞帔、背子的纹样依品级有所不同。大袖衫的面料：公、侯、伯夫人与一品夫人用纻丝绫罗，六品至九品夫人用绫罗绸绢。背子、霞帔的纹样：一品、二品用云霞翟纹，三品、四品用云霞孔雀纹，五品用云霞鸳鸯纹，六品、七品用云霞练鹊纹，八品、九品背子用摘枝团花、霞帔用缠枝花。

清朝时期，后妃命妇服制在式样上很像男子官服，但在细节上有所区别。皇太后、皇后的朝冠冠顶的东珠以金凤承托，每只金凤上各饰有东珠3颗，珍珠17颗。朱纬上缀一圈金凤共7只，每只金凤上各饰有东珠9颗，猫睛石1颗，珍珠21颗。冠后有金翟1只，饰有猫睛石1颗，小珍珠16颗。翟尾垂珠5行，共有珍珠302颗。每行有1颗大珍珠，中间金衔青金石结1个，用6颗东珠、6颗珍珠装饰，在其末端用珊瑚装饰。冠后有护领，垂明黄2条，末缀宝石，以青缎为带。朝冠也分冬夏二式，冬朝冠用熏貂制成，夏朝冠则以青绒制作，其他基本都一样。其他嫔妃命妇的朝冠，冠顶的层数装饰及冠上的首饰依次减少数目或降低档次。

吉服冠的顶子：皇太后、皇后用东珠，一品命妇用珊瑚，二品用镂花珊瑚，三品用蓝宝石，四品用青金石，五品用水晶，六品用砗磲，七品用素金等，与品官的顶子非常类似。

皇太后、皇后的朝袍与皇帝的朝服式样相差不太多，只是腰间无襞积，服上不绣十二章纹，袖笼处加缘边。贝勒夫人以及一品到三品的命妇穿绣上蟒纹的朝袍，领后垂石青条，裾后开。

皇子福晋的蟒袍，用香色，通绣9蟒。其以下命妇用石青等色，蟒数递减，七品命妇绣5蟒。

所谓朝裙，就是指穿在开衩袍以外、外褂以内的礼服，其外形和皱褶围裙相似。皇太后、皇后以下至皇太子妃的朝裙，上部用红织金寿字缎，下部用石青行龙妆缎。冬朝裙用片金加海龙缘边，夏朝裙则用片金缘边。一品至三品命妇上用红缎，下用石青行蟒妆缎。

朝褂是罩在朝袍外面的礼服，皇太后、皇后的朝褂分为三种式样，均绣龙纹。第一式的襞积直通到腰上部，四层图案相间，下部为万福万寿，即蝙蝠、寿字之间夹杂着"卍"形的图案。领后垂明黄条，第二式的腰中部有襞积，第三式则没有襞积，下部为八宝平水。命妇的朝褂绣蟒纹。

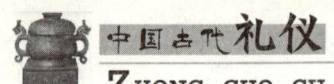

皇太后、皇后还穿龙褂，式样与皇帝的常服褂大致相同。龙褂上绣五爪团龙八团，两肩前后正龙各一，襟行龙四，下幅八宝立水，袖端行龙各二。

历代凶服

凶服要用缟素。《礼记·玉藻》说："年不顺成，则天子素服。"又说："年不顺成，则君衣布。"古代把年岁歉收看成凶事，天子穿白色的衣服，诸侯穿布衣。《周礼·春官·司服》进一步说，凡遭大病疫、大饥荒、大灾害，天子都要穿素服。这反映了古人的迷信思想，认为凶事是上天降下的惩罚，有敬畏之意。

军事失利，古人也视为凶事。公元前627年，秦晋战于殽（今河南省洛宁县西北），秦军全军覆没。三员主将都被擒，赖晋文公夫人是秦国女，从中帮忙，得以生还。秦穆公穿了素服，出郊迎接，哭着对三员大将说："这一仗

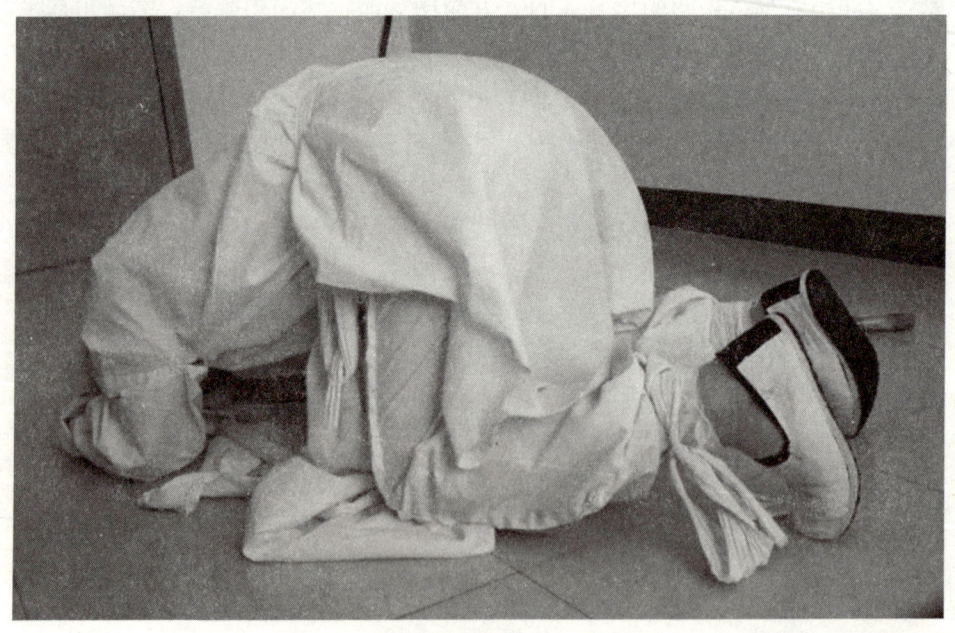

缟素跪礼

打败了，是我决策的失误，你们没有罪过。"（《左传》僖公三十三年）秦穆公穿凶服，是罪己的表示。

凶事之最，当推死亡。遇有丧事，有关的人要按与死者关系的远近，以不同的期限，服不同的丧服，礼法规定十分苛细。《仪礼》五十卷，有1/5的篇幅专讲办丧事。其中，关于丧礼的仅三卷，关于丧服的则七卷。从重到轻，分斩衰、齐衰、大功、小功、缌麻五种丧服，合称五服。

斩衰是最重的丧服，比如儿子和没出嫁的女儿死了父亲或寡居的母亲，就要服斩衰。所谓斩衰，是用最粗疏的麻布裁制成的丧服，麻布剪断之处不缉边，期限三年。古代女子"二十而嫁"，如果二十岁时死了父亲，就要守孝三年，到二十三岁才能出嫁（《礼记·内则》）。妻子死了丈夫，也要服三年斩衰；反过来，丈夫死了妻子，却只要服一年齐衰，即缉边的麻布丧服。这就表现出了男女之间的不平等。

春秋时，齐国大夫晏婴死了父亲，他就服斩衰；另外，头上缚一条麻布带子，叫"首绖"；腰上系一条麻布带子，叫"腰绖"；手里掌一根哭丧棒，叫"苴棒"；脚上穿一双草鞋，叫"菅履"。这全副配备，就是所谓"披麻戴孝"。除此以外，还要吃粥，住草棚，铺禾秆为席，垫草为枕。这样的苦日子要过三年（27月左右，各代有所出入），以寄托丧亲的哀痛。连族里的长老也劝他："这样守孝，可不是大夫的礼节。"（《左传》襄公十七年）孔子很提倡晏婴的精神，说："三年之丧，达乎天子。父母之丧，无贵贱，一也。"（《礼记·中庸》）

话要说回来，礼教的束缚，有时又是很严的。《册府元龟》记：唐宪宗元和九年四月癸未，京兆府奏陆博文、陆慎余兄弟二人在父死居丧期间，"衣华服过坊市饮酒食肉"，诏令各打四十大板，哥哥押回原籍，弟弟流放循州（在今广东省境）。居丧期间是不能穿华服的。朝服、公服也都是华服，所以古代当官的如果丁父母忧，朝廷给假三年，让他们回家，以尽人子之孝。

是不是只对老百姓打板子流放？也不是。唐宪宗十二年四月辛丑，宪宗的女婿、于颀的儿子、驸马都尉于季友，因在母丧期内与进士刘师服"欢宴夜饮"，两人都四十大板照打不误。于季友削去官爵，刘师服虽是陪客，大概因为没有靠山，被发配到连州（今广东省境）。连于颀也因"不能训子"的罪名被削了官阶（《旧唐书·宪宗纪》）。史书没有说于季友穿"华服"，那么

关中帝王陵

他是穿着丧服的。穿着丧服不但不能欢宴夜饮，照孔子的说法，是连音乐都不能听的："资衰苴杖者不听乐，非耳不能闻也，服使然也。"(《荀子·哀公》)"资衰苴杖"就是穿着丧服、拿着哭丧棒的意思。这说明丧服对服丧者具有约束作用。

《水浒传》第二十六回，写潘金莲"自从药死了武大，那里肯带孝，每日只是浓妆艳抹，和西门庆一处取乐"。听得武松回来了，"慌忙去面盆里洗落了脂粉，拔去了首饰钗环，蓬松挽了个髻儿，脱去了红裙绣衫，旋穿上孝裙孝衫，便从楼上哽哽咽咽假哭下来"。武松原本高高兴兴"换了衣服鞋袜，戴上个新头巾"，来看哥哥的。一听武大已死，他"沉吟半晌，便出门去，径投县里来，开了锁，去房里换了一身素净衣服，便叫兵士打了一条麻绦系在腰里"。可见，穿丧服有的是真心寄托哀思，有的是假意做给人看的。唐朝贾公彦说："孝子丧亲，以衣服表心。"事实未必尽然。

《红楼梦》十四回写秦可卿出殡，宁府大众"浩浩荡荡，压地银山一般从北而至"，其中有以未嫁女身份尽孝的宝珠，当然要带重孝。但宝珠之所以肯做人义女，"在灵前哀哀欲绝"，恐怕也是为了免走瑞珠"触柱而亡"的绝路。贾蓉丧妻，也应是重孝。但贾珍为了丧事办得风光，用1000两银子为儿子买了个五品龙禁尉，贾蓉居然第二天就"换了吉服"

去取品爵凭证，这在古礼可是大忌，也可见他对亡妻寄托有几多哀思了。除这二人之外，那"压地银山"中由于关系渐远，多数恐怕要服大功、小功、缌麻几种稍轻的丧服了（大功以下都用较细的熟麻布为丧服，小功比大功细，缌麻比小功又细；越细者关系越远）。而其间，真能"以衣服表心"的恐怕只是少数几个。

五服之外，古代还有一种更轻的服丧方式，叫"袒免"。《仪礼·丧服》说：朋友之间，如果亲自前去奔丧，在灵堂或殡葬时也要披麻；如果"在他邦"，那就"袒免"便可。袒，即袒露左臂；免，指不戴冠，用布带缚髻。秦末项羽是借楚王嫡裔义帝的牌子起兵的，灭秦后，他自立为西楚霸王，继而杀义帝。刘邦抓住这点广为宣传项羽"大逆无道"，并为义帝发丧，自己"袒而大哭，哀临三日"，"兵皆缟素"，发使告诸侯，号召戮力"击楚之杀义帝者"（《汉书·高帝纪》）。刘邦以朋友之礼为义帝带孝，既对项羽发动了政治攻势，又暗示自己的身份与"帝"平起平坐。

知识链接

丧服与"衰"的遗制

丧服避精细，趋粗疏，忌华丽，尚缟素，这对服饰文化的发展来说，实际上是一种倒退。当然，这种倒退含有特殊的社会意义。由于礼法过于苛繁，在实行中又易流于形式，所以它必然要随着封建制度的埋葬而改革掉。事实上，周代的丧服就有简化的形式，即用一块长六寸宽四寸（周代1寸约等于今之2厘米）的麻布，挂在当胸处，用它代替披麻衣。这块麻布也叫做"衰（縗）"。今天在告别死者、悼念亡魂时，左胸别一朵小白花，就是"衰"的遗制。左臂围一块黑纱，就是"袒"的遗制。有些妇女死了亲人在发际插一朵白绒花，则是"首绖"的遗制。这些象征性的志哀方式，较之古代丧服则大大简化了。

第二节
古代大型礼仪

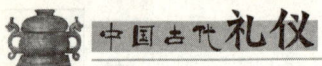

祭天神

　　作为人类祈求神灵赐福攘灾的一种文化行为，祭天曾经是中国传统社会生活中的重要组成部分。从传说中的"三皇五帝"时代至清末，我国一直在举行祭天典礼，绵延5000余年，可谓源远流长。

　　祭祀在古代是一件大事。对于不同类别的神灵，古人祭祀的时间、地点、方式以及所用歌舞、祭品种类与规格等各不相同，参祭者的身份也有区别。这和古人对自然界的认识及其等级观念有极大的关系。《礼记·王制》说："天子祭天地，诸侯祭社稷，大夫祭五祀。天子祭天下名山大川。五岳视三公，四渎视诸侯。"也就是说，只有天子才有祭祀天与地以及一切神灵的资格。显然，古人的祭祀礼仪有着很严格的规制。

　　祭祀在时间和地点上都有规定。就祭天而言，一定要在冬至日，在南郊举行祭祀仪式。这是因为古人认为天阳地阴。冬至日，天气转暖，阳气上升，所以选择这一天来与天神相交接。在方位上，南方也为阳，所以选择南郊。古人认为天圆地方，因此，把祭祀天神的地方建造成天的形状——圆形，亦称之为圜丘。在祭祀时，要在圜丘之上堆积柴草，焚烧玉帛、祭牲等，使天神于烟气之中欲享到人们的敬奉，因此又称天神之祭为燔柴之祭。

　　祭天在历朝历代都有所不同，但究其根本，其祭天的仪式和程序都是以《周礼》为基本而制定的。以明、清两代为例，祭天仪式大致包括以下几个步骤：

帝王祭天

1. 祭天前的活动

卜日：由于祭天礼固定于每年冬至和正月的第一个辛日，所以后来不再卜日。

斋戒：斋戒期间，所有参加典礼仪式的帝王和文武侍臣必须沐浴更衣、解除嗜欲、不饮酒、不吃荤，更不能接近女色，用来表示对天的虔诚。

陈设：祭天时的陈设要求很严格，主要包括五个部分：待事的次序、即事的位置、门外的位置、牺牲器具的位置、席神的位置。陈设必须严格按照规章进行。

牺牲器：即把各种礼器安放于各个规定位置，随后对其进行清洗、打扫等工作。天子与百官要对礼器和牺牲进行仔细的检查，还要监督宰杀、取毛、盛血、烹煮等整个过程。

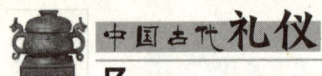

2. 祭天当日的活动

迎帝神：皇帝从昭享门（南门）外东南侧具服台更换祭服后，便从左门进入圜丘坛，至中层平台拜位。此时奏"始平之章"，皇帝至上层天帝神牌主位前跪拜，上香，然后到列祖列宗配位前上香，叩拜。回拜位，对诸神行三跪九拜礼。

奠玉帛：皇帝到主位、配位前奠玉帛，此时奏"景平之章"，回拜位。

进俎：皇帝到主位、配位前进俎，此时奏"咸平之章"，回拜位。

行初献礼：皇帝到主位前跪献爵，回拜位，奏"奉平之章"，舞"干戚之舞"。然后司祝跪读祝文，乐暂止。读毕乐起，皇帝行三跪九拜礼，并到配位前献爵。

行亚献礼：皇帝为诸神位献爵，奏"嘉平之章"，舞"羽龠之舞"，回拜位。

行终献礼：皇帝为诸神位依次献爵，奏"永平之章"，舞"羽龠之舞"。光禄寺卿奉福胙，进至上帝位前拱举。皇帝至饮福受胙拜位，跪受福、受胙、三拜、回拜位，行三跪九拜礼。

撤馔：奏"熙平之章"。

送帝神：皇帝行三跪九拜礼，奏"清平之章"。祭品送燎炉焚烧，皇帝至望燎位，奏"太平之章"。

望燎：皇帝观看焚烧祭品，奏"佑平之章"，然后起驾返宫，大典结束。

类似于这样的祭天典礼延续了约5000年，祭天如今已经成为我国古老文明的文化遗产，展示着传统中国的祭天历史和祭天文化。

祭地神

中国传统思想认为，天和地是一阳一阴、一乾一坤，构成了整个世界，是万物的本源。所以在崇拜天的同时也十分崇拜地，在祭祀活动中不但天地两者对称相配，而且它们在众多祭祀活动中均有着举足轻重的地位。

第二章 中规中矩——礼仪的规范

仿清祭地

早在远古时期，中国就有"父天而母地"的说法，这是因为当时人们知道是大地养育了万物。所以，祭地便是人们对地母表达感谢的一种方式。

据记载，"圆丘大坛，祭天也；方泽大折，祭地也""祀天于南郊圜丘，祭地于北郊方泽"等。也就是说，祭祀大地，要在夏至日这一天在泽中方丘祭之，而且要在都城的北郊。这是因为，天气从夏至日这一天开始逐渐转凉，万物逐渐走向凋零、衰败，这是一个阳尽阴生的日子。地属阴，北郊也是阴象。这两点正好与祭天礼仪相反。天圆地方，选择方丘祭地，既体现了法地的思想，也表示了对地的敬重。

在祭祀仪式上，古人认为祭地与祭天应该"同服""同器""同牲"，而且祭祀仪节基本相同，不过，祭法不同。例如，祭天用燔柴升烟，祭地却是血祭，即将牺牲等祭品的血浇灌于地，使牲气下达于地，让地神歆享。祭祀用品，祭天为苍色，祭地为黝黑之色；在用玉方面，祭天为苍璧，祭地为黄琮，前者为青蓝色圆形玉，后者为黄色方形玉。

除了祭祀大地，在中国这样一个农业国度里，春秋两次祭祀社稷神也

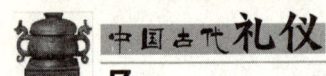

是国家的重要典礼。春秋两次社稷祭祀的时间，分别选用仲春月、仲秋月的吉日。在祭社之日，周天子要穿戴绨冕礼服，亲自主持祭礼，司农、司空帮助检查祭祀器具与祭品牺牲。在奉献的祭品中人血或牲血最重要，所以《周礼》说："以血祭社稷。"血祭社稷的方式有三种：一是将血直接滴入土中；二是涂血于社稷神主之上；三是供血于神位之前。祭祀社稷时，要击鼓、舞蹈。社稷祭祀在古代时分时合，以社祭为主，各地均有自己的社祭活动。隋代国家分立社坛、稷坛，各以太牢致祭。明清二坛合一，立社稷坛，列为国家上祀。

此外，祭祀地神还有一种狸沉之祭，这是对五岳山川等的祭祀。"山无大小，皆有神灵，山大则神大，山小则神小。"（《抱朴子·登涉》）天子祭天下名山大川，其中五岳四渎的祭祀最为重要。祭五岳用血祭，祭山林川泽则用沉之祭。祭祀山林就是将牺牲、玉帛埋入土中，表示对土地、山林之神的祭奠。祭祀川泽就是将牺牲、玉帛沉入川泽，以表示对川泽之神的祭奠。

但是，由于五岳、四渎、四海、四镇分据天下四方，君王难以一一前去祭祀，这时就采取望祭的方式。即在京城南郊设名山大川、五岳四渎祭坛，远望山川而祭，祭品用牲要与各方之色相合。

从中国传统礼文化的发展与继承来看，明代达到一个高潮，帝王对于国家祭祀重典高度重视。对地的祭祀时间为夏至，其祭祀活动的隆重程度、规模之大、成本之高是历代所不及的。明代初期在南京钟山之北建方丘坛。据历史记载，洪武二年夏至，太祖朱元璋曾到此祭祀。洪武十年又改成在圜丘合祀天地。到了明世祖时期，明代迁都北京后，在天地坛和大祀殿共祀天地，其制度与洪武年间相同。从嘉靖时期开始，把天地合祭改为分祭，后在北京安定门外的东面修建方泽，通俗地说也就是地坛，每年夏至都要在那里举行方丘祭地大典。清代时期的祭地仪式基本上沿用明制，也与祭天仪式大同小异，仅略有改动，只是方泽祭地仪式更加盛况空前。

祀人神

古代社会是一个典型的宗法社会，尊祖、敬祖意识浓郁，人们对血亲祖先、人文祖先有着很强的追念与依赖心理，定期举行的各种祭祀仪式，就是与祖先神灵对话的机会，取得神灵的佑护，维持现实秩序是人神祭祀的主要目的。

"万物本乎天，人本乎祖"，宗庙祭祀源于上古人的祖先崇拜。所谓宗庙，据《释名》记载："宗，尊也；庙，貌也，先祖形貌所在也。"古人认为，宗庙是祖先亡灵的寄居之所。所以，祭祀祖先要在宗庙中进行。

宗庙祭祀在古代社会是非常重要的祭礼。对于祖先的祭祀有两个原则，一是将家族历史上有着特殊功绩的第一代祖先确定为世代祭祀的对象，称为"太祖"；二是祭祀近几代的祖先。在祭祀的方式上，采取"周祭"与"合祭"的方式。周祭，是一种施行于殷商以后的大型祭礼。这种祭礼是用多种祭祀形式轮番祭先王及直系先王的配偶。整个祭礼完成一次大约需要一年的时间，甲骨学上称为"周祭"或"周祀"。合祭，即袷祭。按周代礼制规定，王室七代以上的祖先神主平时收藏于太祖庙中，五年一次，出其神主合祭。

周代有严格的宗庙祭祀制度，《礼记·王制》中说："天子七庙，三昭三穆，与大祖之庙合而七。诸侯五庙，二昭二穆，与大祖之庙合而五。大夫三庙，一昭一穆，与大祖之庙合而三。士一庙。庶人祭于寝。"昭、穆是指宗庙的排列次序，各个庙都向南，昭庙在左，穆庙在右，依次排列。自太祖以下，第二、四、六等偶数之祖为昭，第三、五、七等奇数为穆。周代宗庙中的神主一般用桑、栗等木制成，平时收藏，祭祀时取出。祭祀之日，要供上香酒、祭肉，还要奏乐、舞蹈。祭祀完毕，参加祭祀的宾客与同姓诸侯分食祖宗享用过的祭品。

古人考虑到祭祀之仪过于频繁，人们会厌倦，因而祭祀也没有足够的敬意。如果次数太少，人们又会怠慢、遗忘。所以，按照天道运行的规律，对天子、诸侯的宗庙规定了四时之祭，这在先秦已经成为制度。四时之祭就是"春曰礿，夏曰禘，秋曰尝，冬曰烝"。礿与禘体现阳的意义，尝与烝体现阴的意义。而禘为阳气之极盛，尝为阴气之极盛，所以禘、尝两次祭祀极为重要。

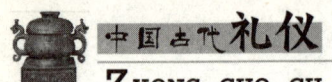

知识链接

源远流长的人神之祭

人神之祭，除了祭祀祖先外，还包括对先代帝王以及先圣、先师的祭祀。秦汉以来，三皇五帝以及后世历代圣君贤王，都被列入国家祀典。对于什么样的人进入国家祭祀的范围，《礼记·曲礼》说："夫圣王之制礼也，法施于民则祀之，以勤死事则祀之，以劳定国则祀之，能御大灾则祀之，能捍大患则祀之。"古代的先王祭祀，基本上遵循了这一标准。

第三章

社会活动中的礼仪

生活类礼仪的起源,按荀子的说法有"三本",即"天地生之本","先祖者类之本","君师者治之本"。在生活礼仪中,丧礼的产生最早。丧礼于死者是安抚其鬼魂,于生者则成为分长幼尊卑、尽孝正人伦的礼仪。

第一节
不同时代的交际礼仪

夏商周时代的交际礼仪

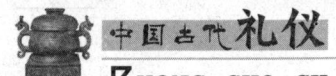

我国古代将居住在中原地区的主体民族叫作华、夏、华夏或诸夏。华夏族在中原建立的国家是为夏朝。作为交际礼仪重要物质形态的饮酒，在夏朝时已十分盛行。有的文献很形象地描绘出他们痛饮的场面：醉了的人扶着没醉的人，没醉的人又急忙扶住喝醉的人，并且嘴里不停地嘟嘟哝哝地唱着歌，活现出酗酒成风的情景。俗话说，无酒不成礼仪。历朝历代的社会中都有为交流沟通而群饮的习惯，在群饮中应该有相关的礼仪指导行为，但历史上此礼仪却少见于文献，我们也因而对此知之甚少。

婚恋是交际礼仪中尤为重要的部分，《吕氏春秋·音初篇》："禹行水，见涂山氏之女，禹未之遇而巡省南土，涂山氏之女命其妾候禹于涂山之阳，女乃作歌，歌曰：'候人兮猗！'实始作为南音。"涂山氏之女命其妾站在大禹必经之道旁，见大禹来了，便放开歌喉："等你呀！"以转达主人的爱慕之情，直接、热烈而率真，省却了繁文缛节的障碍，和今日西南地区少数民族青年男女，婚恋时对歌礼俗相差无几。

夏、商、周三代，当进入中原立国之后，都尊黄帝为自己的祖先。所以，华夏族交际礼仪共识于黄帝时代传承下来的礼仪核心，亦即统一于华夏交际礼仪。同时，也发展了交际礼仪文明。《礼记·礼器》："三代之礼一也，民共由之。"这里所谓礼，虽然主要指统治阶级的典章制度，也包含交际礼俗。"一也"即一脉相承之意。《论语·为政》："殷因于夏礼，所损益可知也；周因于殷礼，所损益可知也。"孔子在强调"因于"，就是指继承关系的同时，又指出有所

第三章 社会活动中的礼仪

国外友人学习饮酒礼

"损益",即变化发展。事实上,每一个民族的交际礼仪,都以本民族固有的习惯为基础,在发展过程中不断吸收其他民族的文化。夏、商、周交际礼仪的发展,是黄帝到尧、舜、禹时代,以长期融合而成的华夏交际礼仪为基础,同时也不排除商人吸收东方的东夷文化和东北的燕文化;周人吸收西北的戎、狄文化,以至南方的苗蛮文化等。华夏民族之所以如此地具有多元性和包容性,礼仪日渐完备、有适应性,就是因为这种吸收和融合的结果。

以宴饮为例。西周时期实行礼治,宴饮受政治制度的影响,成为庆典活动和交往的礼仪形式。为了适应这种礼仪性质,对宾、主在宴会中的行为、使用的食品、食品的陈放形式、音乐、环境布置等均开始有了一系列烦琐的规定。例如规定了宾、主应酬中酒的数量和饮酒的秩序及许多礼貌;规定了宴会的席位座次等。

又以文字为例。文字作为书面语言,主要与交际需要相适应,也对交际礼仪的发展起到一定的推动或促进作用。汉字兼有象形表意的综合功能,其间有一部分至少是比较原始、客观地记载了夏、商、周交际礼仪习俗。例如宾、客,甲骨文里的宾,上面像屋形,下面从人从止,意思是客人来到屋下,即宾客到门,本义是客人或者贵客。《仪礼·士冠礼》:"主人再拜,宾答礼。"是指以宾客之礼相待。客，比甲骨文稍晚的铜器铭文里有此字，上部像屋子，下部"各"是到的意思，即从外面而至，亦即有人自外而入，即所谓拜访。由此可知，在阶级社会初期人际交往的频繁，华夏民族好客的古风。又如"契"字，上部的"丨"像木棍，"三"是刻成的印记，"丰"像一条木棍上刻成印记，这就是古时的契据。"刀"为刻的工具，"大"为大小的大，即大家必须公正、自觉遵守，任何一方不得私自随意在棍上刻划。说得直白些，如甲向乙借了三把石斧，则在木棍上刻三条横道，将木棍对着刻痕剖分为二，各执其一，甲奉还时，拿出自己所执一半契与乙验合，以证借和原物相符。所以，春秋战国时代有人捡到判契，高兴得发狂，以为天外飞来横财。此相当于现在的借贷交际礼仪。这种礼仪一直延续到了今天，现在大宗买卖时，双方所立约据的末尾一定会写上："恐此后口说无凭，立此契据是实。"

如果说夏以前的交际礼仪还无法摆脱史前传说的嫌疑，那么被公认为信史的夏、商、周三代，尤其是典籍上所载商、周礼仪，有大量的出土文物佐证，是不容置疑的。这三个朝代所处的阶级社会，整个礼仪的思想基础都建立在对上帝、鬼神、天命的迷信上，从出土的卜骨、礼器和殉葬品以及传世的文献资料来看，足见其"国之大事，在祀与戎"。而在诸多频繁的祭祀中又有等级身份的区别，于是交际礼仪的内容和形式，在尧、舜时代一脉相传的基础上，更加突出了君臣、父子、兄弟、亲疏、尊卑、贵贱等关系，而且形成传统，一直延续到21世纪初。

值得我们注意的是，中国历史上第一部系统记载礼仪的书，就是周初之时"周公制礼"所流传的《周礼》。《礼记·明堂位》称："武王崩，成王幼弱，周公践天子之位，以治天下。六年，朝诸侯于明堂，制礼作乐，颁度量，而天下大服。七年，摄政于成王。"通常认为传世的《周礼》和《仪礼》就是周公的遗典，并与其释文《礼记》同为后儒的经书，总称"三礼"。尽管还存在一定的争论，但《仪礼》是先秦时代部分礼制的汇编，所以包容交际礼俗看来是不应怀疑的。因为《仪礼》所讲为士所习的礼节，汉人称为《士礼》或《礼经》；又因其所讲为具体仪节，不是礼的意义，晋人改称为《仪礼》。以上情况说明，《周礼》和《仪礼》未必全出自周公之手，史传的周公制礼，可能颁布了一套维护奴隶主统治的典章制度，即礼制，构成了《周礼》的原始形态。这套由周公奠定的典章制度，不仅从文字上确立了礼制的历史，而且还从概念上承认了包括交际礼仪在内的礼俗历史，对后世交际礼仪有很大的影响。

第三章 社会活动中的礼仪

自周以后，礼开始分为国礼和家礼，国礼即原来的礼仪制度，家礼即交际礼仪所在的礼俗。特别在春秋战国时代，这种分化尤为明显。《管子·牧民》中有"大礼"和"小礼"之说，注释为："礼之大者在国家章典制度，其小者在平民日用居处行习之间。"此外，庶民中的礼仪习俗，是礼制制定的一项重要来源，这就是所说的"礼失而求诸野"。故《礼记》有"礼从俗，事从宜"的说法。正因为这样，在《周礼》（大礼）中仍保存着部分交际礼仪习俗（小礼），且至今还在民间世俗中起作用。如关于言、坐、立、行、出，在老者面前，在父辈友人面前，等等，均有详细礼仪。比如《礼记》开篇的《曲礼上》云："《曲礼》曰：毋不敬，俨若思，安定辞，安民哉！"翻译过来："《曲礼》说：不要不谨慎，态度庄重像有所思虑，说话要安详肯切。这样才能使人幸福啊！"这就是当时用于交际的说话礼仪。

知识链接

交际礼仪与谦让

四川民间谚语：要想想地说，不要抢抢地说。两者之间，似乎还看得出继承关系。尤其是《乡饮酒义》，当今民间饮宴礼仪仍与其迫近。如："乡饮酒之义：主人拜迎宾于庠门之外，入三揖而后至阶，三让而后升，所以致尊让也。盥洗扬觯，所以致洁也。拜至、拜洗、拜受、拜送、拜既，所以致敬也。尊让洁敬也者，君子之所以相接也。君子尊让则不争，洁敬则不慢。"译文：乡饮酒的仪式：主人在乡学门外拜迎宾客，宾客进门以后，作揖三次之后到达阶前，彼此推让三次而后登阶，这是为了表示尊重和谦让对方。洗手，洗杯，然后举杯饮酒，这是为了清洁。宾客到来而主人拜迎，主人洗爵而宾客拜谢，主人献酒而宾客拜受，宾客接受而主人拜送，宾客干杯而主人拜谢，这是为了表达敬意。尊重，谦让，清洁，恭敬，君子们以此互相交往。君子能够尊重谦让就不会争斗，清洁恭敬就不会怠慢。

六朝交际礼仪

此期通俗志怪文学较盛，借鬼神言人事，用当时俗语记载当时交际礼俗则显得尤为真实可信。正如吕叔湘先生所说，大概自古以来书面语和口语就不一致。秦汉以前的情况，文献不足，难以详究，魏晋以后言文分歧的痕迹才逐渐凸显出来。另外，短书杂记大量产生，佛经译本也不避俗语，那里面常常可以遇到当时的口语词和口语词义。所以，六朝时期交际的言语礼仪中的一部分，与当代对应部分相近。如当时见面问候语为"温凉、寒温、寒暑"等，与当今的"寒暄"何其相似。此外，这个时期所产生的避讳的言语礼俗，从运用领域看，也和当今相近。例如关于解手的讳称便是如此。可以说，六朝时期礼仪已渗进交际的各个领域。无论就交际礼仪达到的广度，还是自身的完备程度，均已空前发展。甚至可以说，我国近代交际礼仪已在六朝时期初露端倪。

宋元交际礼仪

在此先介绍一下宋以前的交际礼俗概况。

中国历史上，历代统治者不断采集民间交际礼俗，以制定官方的礼制。因此，虽然记录民间交际礼俗的文献很少，但从礼制一端也可看出礼俗的盛衰。秦、汉两代是制礼的低潮时期，故上述紧承秦汉的六朝交际礼俗的发展状况亦不过如此。唐代达到制礼的高峰，至此礼制大备，后代用之者虽小有损益，但都没有超过它的范围。这正是礼俗（当然包括交际礼俗）迅猛发展，地盘不断扩张的反映。许多礼俗的制度化，缩小了其与礼制的差距，这也正是唐以后交际礼仪的一大特点。作为礼俗，家礼在唐代得到了长足的发展。唐宪宗时期，郑庆余采用当代士庶中流行的吉凶书仪之式，杂以当时家人常行之礼，写成《书仪》两卷，开拓了礼俗领域，甚至冲击到皇宫内院。宪宗以其婚礼中有冥婚一则，指不合嘉礼的传统，诏令删改。此后，段成式在《酉阳杂俎》中以礼异的名目，记载了许多当时的礼俗，对后世也产生了较大影响。五代时，刘岳在郑庆余《书仪》的基础上，又写了一本名字相同的书——《书仪》，所书之事多出鄙俚，其婚礼中有女坐婿鞍合髻之说，虽被某些人视为不经之言，但却广为流传，连公卿之家也颇遵用之。上述诸书言礼，均包括交际礼俗，如刘岳《书仪》记女坐婿鞍合髻的婚姻交际礼仪。

由承载记录礼仪信息的广泛性看，宋、元交际礼仪向生活渗透的深度和广度，是以前朝代所无法比拟的。当代交际礼仪的相当部分，均可在宋、元时期找到原型。如果隐去这些礼仪的时代性，与当今几乎相同。例如婚恋、宴席、亲朋平时拜访等礼仪。从全局上看，当代交际礼仪的传统格局在宋、元时期已经形成。宋、元交际礼仪之所以如此发达、完备、成熟，是时代、社会发展的结果。社会愈向前推进，分工越来越精细——人们常说三百六十行，其实何止这个数目！每一个行业都有自己特有的生产、生活方式，也都有与之相适应的交际礼俗。宋、元时期，商业和百工技艺都有了前所未有的发展，在传统贱视工、商文化思想挤压下，商业和百工技艺从业人员以官职之名作为自己的敬称和美称，自己瞧得起自己。随着商业和百工技艺的发展，宋元城市文明空前繁荣，于是产生宋人交际中的讳"村"礼俗。凡是粗俗、恶劣的事物都叫"村"。叶绍翁《四朝闻见录》戊集云："避'村'名，犹甚于避庙讳，……盖都中人以外人为'村'，故讳之。"因此，交际礼仪与社会发展是同步的。其次，社会向前发展，组织日益严密，相应的礼制必然产生，反作用于生活就会使某些交际礼仪更加巩固和深入人心，并且也会刺激新礼仪产生，不断完善和充实交际礼仪系统。例如宋、元婚恋交际礼仪非常严密：从事情的提起到结婚后娘家"暖房"，步步有礼，事事有仪。除此以外，宋、元交际礼仪被打上浓重的时代文化印记。如上所述，当时工商业发展，人们普遍重利、重俗世生活享受，影响所及，以至于全社会开始重视交际，因而便产生了许多交际礼仪。例如称谓礼仪除了以官职称外，犹有以长辈或兄长称、男女爱恋中的昵称，上对下的爱称、谦称等，其中已得见当代意识。

宋代、元代的语言。上与唐代语言有相承关系，下与现代汉语有渊源关系，因此其是汉语中承古启今的重要环节。不少宋、元流行的语言，始见于唐代。至于宋、元语言与现代汉语的渊源关系，由于时代较近，就更为密切，很多宋元语言直到现在仍然流行或保留于某些方言之中。因此，一些宋、元时代民间交际礼仪的用语，如太医、老官、多谢、烦劳等，就具有贯通唐代、宋代、当代的特质。

宋、元交际礼仪与六朝相比，前者的发育成熟，后者的粗疏简率，礼仪

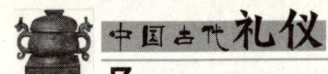

的规范度上相去甚远。交际礼制作用于社会是带有强制性的，对交际者是一种外在的压力；交际礼俗这种内趋自发的力量，在社会有序化进程中直接作用于人们，是其他力量不能取代的。历代统治者倡导移风易俗，也是客观上看到这种力量的多向效应的结果。因此，从交际礼仪一隅看社会，则其不仅是社会发展的结果，同时也是衡量社会文明的一把尺度，这在中国交际礼仪全面形成的宋、元时期也是如此。

第二节 日常交际礼仪

相见礼

相见礼是古人日常交往相见的一种礼节。古代相见礼既是双方致意的形式，又在其中表现出浓厚的尊卑等级色彩。常见的礼节如下：

跪拜礼。拜指低首折腰，古人认为低首躬身更显谦卑与尊人。跪则是双膝着地，腰臀部欠起的姿势。行跪拜礼是表示特别敬重和庄重的礼节。跪拜在不同场所、不同对象面前姿态要求也有所区别。为此，《周礼》规定了九种跪拜礼，即稽首、顿首、空首、振动、吉拜、凶拜、奇拜、褒拜、肃拜。这之间差别细微，极其烦琐。

跪拜礼源于原始社会。在原始社会，人们都是席地而坐，跪拜很方便，因而成为相互间致意问安的姿势。进入阶级社会很长一段历史时期内，人们仍习惯席地而坐，因此行跪拜礼也很方便。随着封建等级制度的森严，跪拜礼作为一种区别尊卑的礼仪，被制度化、复杂化到了无以复加的地步。不同等级不同身份之人，有着不同的跪拜礼。卑者如果行了尊者、贵者之礼，就被视为"越礼",而越礼在古代是被视作大逆不道的行为。

跪拜礼由于要使人屈膝卑躬,有损人的独立人格,所以随着近代人们对封建等级礼教的反对而渐渐被抛弃。据说,太平天国时期就坚决废除了行跪拜礼。辛亥革命后,孙中山先生宣布取消跪拜礼,再稍后,相见大礼被改为鞠躬礼。

作为一种社会交往礼节,跪拜礼已完成了它的历史使命。当然作为历史的遗迹它还有残留于现代社会的痕迹。有些人,往往用跪拜姿势表达感恩戴德或乞求宽恕,或者表达祈求保佑的虔诚情感,如在神像、偶像、祖宗牌位面前,往往有这样的举动。跪拜的最终消失,还有赖于进一步提高人的思想观念意识和社会的文明进步。

日常相见礼中,还有一种是作揖与拱手。作揖的姿势最初是双手抱拳前举。这是模仿前有手枷的奴隶,意思是甘愿做对方的奴仆,为对方服务,在礼节上是一种尊重对方的礼貌表示。

就这样一个作揖礼,在封建社会也要体现出等级尊卑亲疏来。《周礼》中规定,对无亲属关系的,拱手时要稍低,称"土揖"。对异性,拱手要平,称"时揖"。而对同一血缘家族的,拱手要高,称"天揖"。

跪拜礼

行揖礼

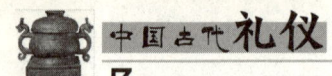

久别相见时，拱手时间要持久些，这叫做"长揖"。如果要行揖手礼的对象有很多个，则要分等级而视。若对方是尊贵之人，则重行"特揖"，即一个一个地作揖。若对方是低一等级之人，则可以行"旁三揖"，即对众人笼统地作揖三下。如果面对的是不同等级的众人，则要按等级分别作揖。封建社会的等级尊卑亲疏观念之强烈，由揖手礼可见一斑。

除此之外，古人还有"绍介""辞让""奉贽""复见""还贽"等相见礼节。"绍介"即介绍，古人不尚自我介绍，为尊敬他人起见，互相不认识的人初次交往，需要有人中间引荐，这也是为了不给别人带来贸然造访的不便。"辞让"是初次见面必须说的一些客套话。"奉贽"的贽，指的是携带的礼物。奉贽即见面后把礼物奉上。"复见"是要求有回拜。客人拜访主人后，主人要安排回访，来而不往，就失礼了。古人讲究"礼尚往来"。复见时，主人应把以前来宾执送的礼物归还给他，这叫"还贽"。还贽礼节表示重礼而轻财物之道。古人讲究"君子之交淡如水"，友情清纯，不掺杂任何财物和功利。这一点确实是后世之人所应当记取的。

"相见礼"是礼仪制度的一个部分，它一方面制造了君臣上下地位不可僭越的庄严气氛，在维护封建等级政治制度中起到了独特的作用；另一方面，由于注重礼仪的关系，也为中国古代传统增添了许多尊人、敬人、注重礼节的内容。

拜访礼仪

拜访之礼，由于拜访者与被访者之间身份地位的不同而有繁简之分。

平民百姓之间串亲访友，或乡邻往来，没有过多的礼节，事先没有必要一定通知对方，多随时串访。但也不可登门而入，至主人家门，要先敲门，主人答应后再进，这是最起码的礼节。长沙出土的唐代青瓷壶上有一首小诗，便具体地反映了当时的这种礼俗，"客来莫直入，直入主人嗔，打门三五下，自有出来人"（《中国民俗辞典》）。如果不敲门而直入，主人"嗔"也就是生气了，怪你没礼貌。《礼记·曲礼上第一》还记有"将上堂，声必扬。户外有二户，言闻则入，言不闻则不入。将入户，视必下"的礼节，说的是将入堂室时要高声打招呼。见到门口外有两双鞋，表示屋内只有两个人，尤其不可贸然而入，更要打招呼让主人知道你来了，否则不能进去。进门，不得举目而视，以免看见主人居室中的隐私，双方都很尴尬。

官僚士大夫等有身份地位之人互相拜谒，在礼节上比较讲究，就不能采取敲门的方式了，通常是先投递"名帖"，名帖上写上自己的姓名、身份、籍贯、与对方关系、拜谒目的等，交给门人进去通报。主人通过名帖了解来访者的情况，以便以相应的礼节去迎接。拜访名帖在很早就已出现，最早是用竹片、木片，与竹简、木牍类似，所写内容也极简单，叫做"刺"或"名刺"，也叫"谒"。如郦食其求见汉王刘邦，就是拿着"谒"交给刘邦属下人进去通报。后来纸的应用广泛了，开始用纸做名帖，又称之为"名纸"，但仍有称"名刺"者，投递给门人通报谓之"投刺"。唐以后又有"门状"之称（《陔余丛考·卷三十·名帖》）。明、清时期，名帖不仅制作考究，而且种类很多，拜谒什么人使用什么样的名帖，名帖的书写形式等，都有诸多礼俗讲究。由于社交活动的频繁，名帖的广泛使用，使之用量非常大，出现专门制作、出售名帖者，官僚士人以及工商业经营者多购置名帖，以备拜谒时使用。利玛窦对明末社交活动中名帖的使用作了详细的记述：

拜访的习惯伴有一套固定的和烦琐的仪式。来访的人要呈递一个拜帖，里面写有他的姓名，也可能包含几句问候的话，这要视客人或主人的地位而定。拜帖由门房递送。如果一个人拜访几个人，或几个人拜访一个人，那么主人和客人是多少，就要有多少份拜帖形式的访问名片。这种拜帖或小册子里有十几张白纸，约一个半手掌的长度，呈长方形，在封面的正中有一条5.08厘米宽的红纸。通常这个小册子是放在一个同样红色的纸片盒子里。这类拜帖种类繁多，并不断地要使用，所以一个人必须有至少20种用于不同场合的拜帖放在手边，上面写有适当的头衔。经常访客的人都有一种习惯，叫他的管事人把来访人的姓名和住址记入备忘录，以便三日之内进行回访。如果被访的人不在家，或由于某种原因不能接待客人，来访的人可以将他（或她）的拜帖留在门房。这样的拜访可以用同样的方式回报，即只把拜帖留在门房，这时双方均感满意，认为义务已经尽到了。客人的地位越高贵，访帖上的姓名也就写得越大，有时每个字都有2.54厘米大小，以致一个简单的签名按中国人从上到下的书写习惯就要占满小册子上的一张纸（《利玛窦中国札记·第一卷》）。

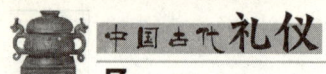

利玛窦的记述还使我们了解到，当时由于拜帖使用的扩大与发展，还有人不亲至，而以留帖来尽往来之礼的社交形式，这种形式在贺年时尤为常见。文中所说的被访者地位越高贵，其姓名就写得越大的礼俗，在翰林出身的文人中尤其讲究，清代还有这种遗俗，嘉道时名臣英和初入翰林院时，持帖往谒窦东皋先生，帖上之字已六七分大小，没想到这位窦先生还是挑了礼，嫌他"帖字过小"，交谈完毕临走时，仍叮嘱他以后再来"将帖上字展大"（《恩福堂笔记·卷下》）。

明、清时期的名帖还有单帖与全帖之分，单帖用于一般拜谒，全帖是用长宽10倍于单帖的红纸折成10页，又叫大红全帖，用这种名帖拜访，是最恭敬的表示。《儒林外史》第三回范进中举后，张乡绅为了拉关系，闻讯后即执全帖前去拜谒。当时范进正应酬邻居，"早看见一个体面的管家，手里拿着一个大红全帖，飞跑了进来：'张老爷来拜新中的范老爷。'说毕，轿子已是到了门口"。这种"全用红纸"的名帖始于明正德年间，由趋附大宦官刘瑾的人所发明，此后又进一步发展，嘉靖朝严嵩擅政时，有人巴结这位阁老，为了表示对他的特别恭敬，用"红绫金字"做帖拜访。比至万历时大学士张居正当政，趋炎附势之徒又别出心裁，"馅之者名帖用织锦，以大红绒为字，而绣金上下格，为蟒龙蟠曲之状"。张居正"独好尊大，故人以此媚之"（《陔余丛考·名帖》）。当时卑下者看见上官或门生见老师，还用一种叫做"手本"的名帖，一般为6页，前后加硬壳，明代为青色壳，清代为黑色。门生初次拜见座师，用红绫壳手本。

清末名帖

清代手本又分"红禀""白禀",红禀通常是用于初次谒见或庆贺,白禀是一般报告事情时用。《儒林外史》中,范进中举后拜谒国子监司业周进,戏子鲍文卿拜见安庆府向知府,都是用手本。

穿戴仪容与礼节很有关系,同样,拜客也要衣帽整沽。衣冠齐整既是自尊的表示,也是对对方的尊重。衣服破旧者去拜客,若谒客者不只一人,甚或朋客云集,主人就会觉得不光彩,有失颜面,尤其是有身份地位之人更在乎这点。所以谒客常常穿特制的礼服,如《利玛窦中国札记》上载:"大臣或有学位(指进士、举人、秀才等功名头衔)的人出门拜客时,他穿上一件特制的拜客长袍,和他日常穿的长衫大不相同。甚至没有荣誉头衔的重要人物出门拜客时,也要穿特别设计的袍服,如果他穿平时的衣服,就会被人见怪。"

清代的礼服有袍、褂,同时穿着,袍穿在内,褂套在外,又叫外褂,即"礼服之加于袍外者,谓之外褂,男女皆同此名称"。拜客时,长袍之外必须套外褂,才算恭敬,只有三伏天最热时候可不必穿外褂,所以这段时间又称"免褂"之时。另外,官员"若因公出差,以礼服谒客,则着行装,行装不用外褂,以对襟大袖之马褂代之"(《清稗类钞·服饰类》)。

迎宾待客

中华民族可谓是好客的民族。"有朋自远方来,不亦乐乎。"好客不仅要礼貌待客,更要做到宾至如归。因此,古人十分重视宾客之礼,遇有宾朋到来,热情迎于门外,相互施礼,互致问候,然后引入堂室,入门也有礼规。

古礼规定:"凡与客人者,每门让于客。"凡遇门则让客人先进,这是主人向客人表达的一种敬意。

入席之后,在安排座次上也讲究礼节。中国古代一般以东方、南方为尊,帝王于殿堂之上,往往坐北朝南,意为自己尊于群臣,在万民之上。至于家人堂室,有的还以居东朝西的座位为尊,这要视堂室的门厅、方位而定,宾客当然要被请于尊位落座,除去东南方位,古人还习惯以右边为贵,引请客人入堂室时,多请从右边入门。而作为客人,入席之间又要注意从西边行,以示自谦。

在传授礼仪教养的读物中是这样概括的:"日听呦呦歌鹿鸣,嘉宾相见即

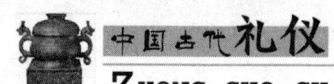

相迎。主人肃客（恭敬客人）右边入，客逊（客人谦让）主人西上行。拜坐毕时当举问，酒汤初进合亲呈。席终礼送详宾客，恭敬周旋在至诚。"另在《闺训千字文》中则这样指教幼童女子省宾客之事的："宴宾集客，款曲（殷勤）盘桓（周旋）。婚丧吊贺，礼数优全。整顿器皿，摆列华筵。肴馔丰盈，蔬菜新鲜，挈壶（提壶）劝饮，酒饭频添。贪鄙啬吝，惹耻招嫌。"教诲之中，充溢着待客的礼貌、周到、盛情与诚意。

如果来客的职位、身份低主人一些，则必须"执食与辞"，端起食物向主人致辞。而主人则"与辞与客"，向客人答辞。然后，大家落座。席间，客人面前，"宜慎咳唾，不敢叱狗，骇客于座"，也不能"怠情放肆，叱咤挥物"，如此，则显得"张狂无教，败德无尊"。招待客人，还讲究"盘盏洁净，茶少堪称，是菜是酒，不可浊混"。顺便提一句，中国古代饮酒吃茶讲究"茶七、饭八、酒十分"，茶饭不能太满，但酒要满盈，以示心诚。

古人还很注意宴席间的气氛，宾朋好友坐在一起，宾主不仅要相互敬酒，畅叙友情，主人还要"对酒设乐"，"雅歌投壶"，既显示盛情之意，又活跃了席间的轻松愉快的气氛。"投壶"是一种游戏。席间游戏在《礼记》中被编录为一种宴席礼仪的必需程序。《礼记》记载，席间主人会拿出矢（一种似箭的一头尖的棍），盛邀宾朋："某有枉矢、哨壶，请以乐宾。"客人则答谢道："子有旨酒、嘉肴，某既赐矣，又重以乐，敢辞？"然后依次把分发之矢投向壶口，投入多者为胜。除了投壶，古人还有其他种种助兴取乐的游戏，如行酒令。由于游戏助兴，宴饮中气氛活跃融洽，一时无高下尊卑之分，宾客也因此而感到如归家中。

待客人如此讲究敬诚盛情，是主人之礼。席间如果"主人未辩（'辩'通'便'，指吃毕），客不虚（'虚'指漱口）口"，意即客人应当等候主人吃毕再行漱口。作为客人，到了别人家，则要注意礼敬主人，尊重主人的生活习惯。《礼记》说："入境而问禁，入国而问俗，入门而问讳。"进入别国境地，应当询问异国法令禁止之事；进入他乡，应当询问当地风俗习惯；而进入别人家，则应了解人家的习惯和避讳。按主人安排的地方就座，"卧房橱下，不可乱行"。

在主人家不能不顾时辰地久坐，应及时告辞。送客一般要送至大门之外，施礼辞别。客人若有礼，主人才会与他再交，乐意再邀。古之周谚有言："山有木，工则度之；宾有礼，主则择之。"反过来说，主人盛情礼周，宾客朋友才会满座。

第三节
节俗礼仪

岁时节令礼俗，是社会生活和民族文化相结合的产物，在创造发展和不断传承的进程中，其内涵越来越丰富，从中折射出我们民族生产、生活、民族心理、宗教信仰、文化智慧等各方面内容，已成为中华民族传统文化的重要组成部分。

春节

春节是我们民间节日中最盛大、最热闹的一个古老的传统民族节日，又称"元旦""新年"等。元旦，原指农历正月初一。"元"者始也，"旦"者晨也，元旦即一年的第一个早晨。《尚书·正义》说："正月旦，岁之始，时之始，日之始，故云四始。"据《诗经》记载，每到农历正月初始，民间有喝"春酒"、祝"改岁"的习俗，庆一年丰收，并祝来年五谷丰登。到了汉代，正月初一被正式列为节令，并加入祭祖敬神的仪式。"元旦"这个节日之称，是从南北朝时期开始的。1911年辛亥革命后，我国改用公历，为了区别农历、公历两个"新年"，就把农历正月初一叫做"春节"，"元旦"则成了公历1月1日的专称。

人们常把春节称作"过年"。"年"同我国古代农业社会生活息息相关。古书对"年"还有不同的称法，有叫"载"的，是指更新之意；有叫"岁"的，表示冬去春来。无论叫什么，都和农作物生长的周期循环，以及天文、历法的认识相联系。古文中有"年，谷熟也"的说法，以谷熟为一年。另外，"年"和"稔"字有字源关系，年就是谷熟丰稔的意思。从周代开始的一年

中国古代礼仪
ZHONG GUO GU DAI LI YI

一度的欢庆农业丰收的活动，渐渐地演变成固定的节日——春节。汉、唐以后，过"新年"的习俗就加入了越来越多的喜庆、娱乐和礼仪形式。

过"新年"是从除夕就开始的。除夕指的是一年的最后一天。在这天晚上要宴饮庆贺，除夕年宴中按北方人习惯有一道必吃的面食——饺子。"饺子"源于古代"角子"，也有称之为"扁食""水点心"的，距今已有近2000年的历史。清朝史料记载说："元旦子时，盛馔同家，如食扁食。名角子，取其更岁交子之义。"又记载说，每逢年初一，无论贫富贵贱，都用白面做饺子吃，并在饺子馅中包糖果或小钱等物，富贵人家，则以金银小稞及宝石等藏在饺子中，以卜顺利。吃到包有糖果钱物者，则预示新的一年里吉利富有。

画门神，贴春联。古人相信桃木能够避邪镇鬼，每逢除夕，在桃木板上画神荼、郁垒二神像，或直接书写二神的名字，以期驱鬼压邪，这就是人们常说的"桃符"。唐末以后，又增加了钟馗等新的门神。后来人们开始在桃符

春节对联

上写一些吉利避邪的联语，桃符逐渐演变为春联。无论贴门神还是立桃符，必须每年一换，而且都是在除夕之夜、新旧年交替的时刻进行。王安石《元旦》一诗中云："千门万户曈曈日，总把新桃换旧符。"描述的就是这种情形。宋代以后，题写春联逐渐成为春节活动的必要礼俗。

春节还有燃鞭炮、点焰火的习俗。过年放爆竹已有2000多年历史。最初的时候，人们不是放鞭炮，而是烧竹子，竹子燃烧时发出毕毕剥剥的响声，驱吓鬼邪妖祟。以爆竹避鬼，其说始于汉代，见于东方朔的《神异经》。书中记载说："西方山中有鬼焉，长丈余，一足，性不畏人；犯之令人寒热，名曰山魈。以竹着火中，火扑哔有声，而山魈惊惮。后人遂象其形，以火药为之。"后来人们相沿成习，除夕夜燃爆竹送旧岁，元日清晨庆新年。其形式也由燃真竹子改为用纸卷火药而成，称作"爆仗""鞭炮"等，但仍习惯地叫爆竹。实际上，到后来燃放花炮已不纯为驱鬼逐怪，很大程度上变成了一种为节日增添喜庆、热闹气氛的娱乐礼俗了。

随着爆竹声迎来新年第一天，拜年互贺的礼数也开始了。拜年之礼起于汉代，有正式文字记载的见于宋代。南宋吴自牧《梦粱录》中说："正月朔日，谓之元旦，……士大夫皆交相贺，细民男女亦皆鲜花往来拜节。"除了走访亲友携礼相贺，也采取投帖送柬方式，即遣专人送帖送柬以表贺节。接到贺柬者，也要以贺柬回拜。这可以算是早先的贺年片了。

拜年之礼到今天仍在延续，它是人们相互拜访、祝贺节日、表示辞旧迎新的一种形式，也是人们利用节假日交流思想、联络感情、通融关系的一种手段。拜年是一种传统节日礼节，但要注意避免那些借拜年之礼请客送礼、豪吃狂饮的不正之风。

元宵节

正月十五元宵节是一年中第一个月圆之夜。正月十五、七月十五、十月十五又分别是春、秋、冬三季的第一个月圆之夜，又称"三元"，即上元、中元、下元。正月十五为上元，因此夜有张灯之俗，又被称为灯节。元宵节的形成有一个较长的过程。汉武帝正月上辛夜在甘泉宫祭祀"太一"，说明正月十五在西汉就已受到重视。汉魏之后正月十五逐渐发展为一个民俗节日。佛教文化的传入，对元宵习俗的形成有着重要的意义。东汉

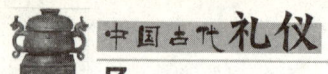

明帝提倡佛法，听说正月十五是参佛的吉日良辰，印度摩伽陀国每逢此日，僧众云集瞻仰佛舍利，因此下令正月十五夜在宫中和寺院"燃灯表佛"，以弘扬佛法。于是，正月十五之夜燃灯的习俗借助佛教文化逐渐扩展开来。另一种说法认为，元宵节起源于"火把节"，汉代民众于此夜在乡间田野持火把驱赶虫兽以祈丰年。

元宵节在中国传统节日中生动、热闹、欢愉，别具一格。元宵活动掀起了新年的另一个高潮，元宵节过完，整个春节就落幕了。元宵节张灯结彩，猜灯谜，赏花灯，吃元宵，历代相沿成习。

1. 逛灯会

张灯结彩是元宵节的一大盛景。宋代元宵节十分热闹，灯市兴盛，灯的品种繁多，据文献记载，有莲花灯、桥灯、犬灯、鹿灯、万眼灯、琉璃球灯、栀子灯、葡萄灯、大方灯、月灯、小球灯、大滚球灯、马骑灯、长灯、狱灯

元宵灯会

等。此外还有猜灯谜的活动。《武林旧事·灯品》载："又有以绢灯剪写诗词，时寓讥笑，及画人物，藏头隐语，及旧京诨语，戏弄行人。"

明代各地灯期不同。北方一般从正月十四至十六，共计三天，"正月十四日试灯，十五日正灯，十六日残灯"。南方时间则较长，尤以闽、浙、苏最盛。如浙江杭州府灯期为五天；嘉兴府是正月十二至十八，计七天；绍兴府是正月十三至二十，计八天；福建建宁是正月十二至十七，计六天；福州府是正月十三至二十，计八天；延平府尤溪县是正月初十至二十，计十一天；江苏太仓从正月初八九至二十止，计十二三天。由此可见时人对这一节日所倾注的热情。

明代元宵节张灯、观灯、猜灯谜之风更加普遍。闽、浙的灯极负盛名，万历浙江《会稽县志》载："民则比户接竹棚悬灯，悉出土制，若购自他方者，球彩错之，好事者复箕敛，于市要区为烟楼、月殿、火戏、鳌山，集珍聚奇，箫鼓歌讴，彻日不息。"嘉靖年间湖南《常德府志》载："上元剪纸为灯，糊以竹格，饰以五彩，有绣球、走马、莲花诸类，虽无闽浙刻丝剪绢等项，亦颇精巧。"《常德府志》还记述了猜灯谜的活动："好事者做灯谜，夜则相聚以猜，名曰打鼓灯。"

清代灯节内容与明代相比没有太大的差别，灯期北方基本上仍是以三天为主，南方时间较长，但较明代略短，一般为五六天，通常是"十三四日张灯，十五日正灯，十六七日落灯"。

2. 走百病

元宵节还有"走百病"的风俗。此俗元代已经出现，明周川《走百病行》诗："都城灯市由来盛，大家小家共节令。姨姨老老领小姑，撺掇梳妆走百病。"正月十六傍晚盛行"走百病"，又称散百病、游百病、遣百病、除百病等，人们或男女结伴，或女人相伴甚至病妇相偕，登高走桥，摸钉求子，赴庙行香，以祛除疾病，祈求健康。

3. 卜紫姑

正月十五还有卜紫姑的风俗。《荆楚岁时记》说："迎紫姑，以卜将来蚕桑，并占众事。"传说紫姑曾是一户人家的妾，受到正妻的嫉恨和虐待。紫姑

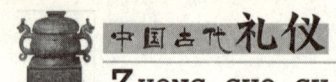

正月十五因激愤而死于厕中，后被封为厕神。人们在正月十五之夜，在厕所或猪栏边迎祀她，以占卜众事。迎祀时人们有如下祝告："你丈夫不在家，曹夫人已回娘家了，紫姑你可出来。"紫姑神在唐诗中多有反映。熊孺登《正月十五夜》："紫姑神下月苍苍。"李商隐《上元夜闻京有灯恨不得观》："身闲不睹中兴盛，羞逐乡人赛紫姑。"

宋代紫姑神信仰与扶乩结合，成为扶乩所召之神。南宋《夷坚三志》壬卷三《沈承务紫姑》具体讲述了召迎紫姑的方法："以箕插笔，使两人扶之，或书字于沙中。"明清时期卜紫姑仍用于占卜吉凶、祸福、丰歉。明末《帝京景物略》卷二记载了卜紫姑的方法："望前后夜，妇女束草人，纸粉面，首帕衫裙，号称姑娘。两童女掖之，祀以马粪，打鼓，歌马粪芗歌。三祝，神则跃跃，拜不已者，休；倒不起，乃咎也。男子冲而仆。"

4. 吃元宵

元宵是元宵节的重要食品。关于元宵的由来，一种传说称，楚昭王复国归途中经过长江，见有物浮于江面，色白而微黄，内中有红如胭脂的瓤，味道甜美。众人不知此为何物，昭王便派人去问孔子。孔子说："此浮萍果也，得之者主复兴之兆。"因为这一天刚好是正月十五，以后每逢此日，昭王就命手下人用面仿制此果，并用山楂做成红色的馅，煮而食之。另一种传说称，元宵本叫汤圆，汉武帝时，宫中有个宫女叫元宵，做汤圆十分拿手，从此以后，世人就以这个宫女的名字来命名。

有关元宵的文献记载是从宋代开始的。宋代文献中元宵被称为浮圆子、圆子、乳糖元子和糖元。明代出现了汤圆、元宵的名称。明代刘若愚《酌中志·饮食好尚纪略》记载北京上元节吃元宵，"其制法，用糯米细面，内用核桃仁、白糖为果馅，洒水滚成，如核桃大，即江南所称汤圆也"。汤圆此名至今盛行南方，而元宵之称不仅流行于北方，还广及南方。早在明正德《琼台志》中就记载："元夕于二三日间以糯粉搓丸，小者煮浸糖水，大者裹以蔗糖，名元宵丸。"元宵丸，是以上元夜之名元宵而称食品的，食品的形状仿月为圆形，寓意家人团圆。元宵除食用外，也是祭祀神灵、供奉祖先的节令食品，人们还往往互相馈赠。

清明节

清明时节雨纷纷，路上行人欲断魂。

借问酒家何处有，牧童遥指杏花村。

唐朝诗人杜牧的这首《清明》诗，几乎人人皆知。诗歌描写了在春寒料峭的清明节，诗人在行路之中，偏又遇上了雨，这使得孤身赶路的人，触景伤怀，心头的滋味本已很复杂，再加雨丝风片，纷纷洒洒，看着那些扫墓上坟者的悲切之状，心境就更是凄迷纷乱了。在这个时候诗人想寻找一个小酒店，歇歇脚，避避雨，小饮三杯，解解料峭中的春寒，暖暖尽湿的身子，同时更是为了借此散散心头的愁绪。于是，诗人向人问路了，"酒家"在何处？

这首诗表达了诗人在清明节这一天的心境，而且是那样的悲伤、凄迷，这不禁使我们想到每年的清明节，每当我们上坟为死去的亲人祭扫的时候，虽没有凄迷之感，但念及离我们而去的亲人的恩德，心中总也不免产生悲伤之情。在这方面，古今之人的心境是相通的。这就是清明节这一天特定的环境，以及由此特定环境造成的特定心境。那么，清明节的由来缘何呢？又为什么称之为"寒食清明"呢？这得从远古说起。

在春秋战国时期，晋国有个大官，名叫介子推。他一辈子爱民如命，不贪图荣华富贵。有一年，一伙权奸密谋害死晋国大公子重耳，欲扶小公子申生继位，介子推知道后，就保护重耳离开了晋国，流亡在外。

有一天，他们在一座大山里迷了路，几天几夜吃不上东西，晋公子重耳饿得头昏眼花，再也走不动了。可是，在这荒山野沟之中，哪能找到吃的东西呢？无可奈何，介子推咬咬牙，跺跺脚，跑到僻静处，把自己腿上的肉割下一块，用火烤熟了送给重耳。重耳接过，自然狼吞虎咽地吃个精光。重耳问："哪来的肉？还有没有？"介子推把裤腿向上一捋，说："肉从腿上来，公子喜吃，臣愿再把这个腿肚割下奉君。"重耳望着介子推的腿肚，感动得流下眼泪说："你这样待我，我将以何报答你？"介子推说："我不求公子的报答，但求公子不忘我割肉奉君的一片丹心。你我君臣流亡在外，饱经风霜，深知民间疾苦，但愿今后你多思治国之方，做一个清明的国君。"

晋公子重耳在外流亡了 19 年，后晋国迎他回去做国君。在回国途中，车将至国都，他望着那条和他流亡做伴的破烂席子，觉不称心，信手用剑挑

中国古代礼仪
ZHONG GUO GU DAI LI YI

下车去。跟在车后边的介子推，拾起那条烂席，沉思良久，悄悄地回家去了。

重耳当了国君，封赏伴他流亡之臣，却忘记了介子推。有人在重耳面前为介子推叫屈，重耳猛然想起旧事，很觉惭愧，即差人请介子推上朝受赏，介子推屡请不来。后来，重耳亲自去请，只见介子推家门闭锁扣。原来，介子推背着老母躲进了绵山。

这绵山，山高路险，树木丛杂，哪能找到介子推母子？有人建议放火烧山，逼迫介子推出山。重耳听从此计，谁知山林都烧光了，仍不见介子推母子二人。最后，重耳终于看见了介子推跪在母亲面前的尸体，背后是一棵烧焦了的大柳树。重耳望着介子推的尸体，跪拜一阵，放声大哭起来，于是收尸下山，隆重安葬。就在介子推安葬的这一天，重耳宣布，为忌烟火，把这一天定为寒食节，全国寒食一天。

介子推像

第二年，重耳领着群臣去绵山祭奠，先在山下寒食一天，第二天素服徒步，登山致哀。行至坟前，只见那棵被烧焦了的大柳树，却又复活了，柳条儿的嫩丝正在随风漫舞。此情此景，使重耳心有所动，望着复活了的柳树，就像看见了介子推一样，于是敬重地走上前去，掐了一条柳丝，编了一个环儿戴在头上。群臣见主公戴柳，便也学着折柳插头。君臣们戴柳祭扫后，重耳就把那棵复活的老柳树赐名为清明柳，这一天也就定为清明节。

这就是"寒食清明"的由来。而今，虽然时代不同了，但清明节这一天祭扫坟墓的风俗礼节却代代相沿，直到如今。

端午节

我国农历的五月初五，是端阳节，也叫端午节。这一天在南方，家家包粽子，人人吃粽子，还要举行划龙船比赛，但见那金鼓齐鸣，龙舟竞发，更增添节日的气氛。

五月初五的吃粽子、划龙船，都与我国的历史名人屈原有关。

屈原，本是战国时候楚国的大夫。战国七雄，秦国为首。在秦国兼并其余六国之时，楚国的楚怀王不听屈原的忠心苦劝，最终被张仪诓骗到秦国软禁为囚。不久，楚怀王便死于秦国。后来，楚国为秦国所灭。楚国灭亡了，屈原也绝望了，于是在五月初五这一天，他投身于汨罗江，以死殉国。

屈原投江殉国以后，楚国的人民对他非常怀念。为了悼念这位伟大的爱国诗人，每逢端午节这一天，大家都驾着船，带着饭，划到汨罗江中流，把饭投入江里以祭祀屈原。

但是几年以后，有人梦见了屈原，于是带来了神话般的传说——

乡亲们把米饭撒进江中，意欲给屈大夫享受，免受饥饿之苦。岂料这些米饭一撒进江里，却尽为鱼蚌之辈所食。那怎么办呢？总不能让屈大夫饿着，乡亲们异常焦虑。这时，屈原说道："如果乡亲们把箬叶包饭，做成有尖角的角黍（即粽子），鱼蚌等水族见了，以为是菱角，就不敢吃了。"于是在次年的端午节，乡亲们遵照屈大夫所嘱，都用粽子投之于汨罗江中。

可是，端午节过后，屈原又托梦于乡亲们，说粽子虽然吃到了，但大部分还是给鱼蚌水族抢得所食。因此，乡亲们仍处在焦虑之中。为解乡亲之忧，屈原又说道："你们在驾船送粽子的时候，可以把船装扮成龙的样子。因为所有水族都属龙的管辖，它们见是龙王给我送来的粽子，也就不会吃了。"

从此以后，人们一年一年地照这样去做，于是便留下了五月初五包粽子、划龙船的风俗。当然，随着时代的发展，端午节吃粽子、划龙船，既是对爱国诗人屈原祭祀的一种礼仪，也是人们的一种物质的享受，精神的娱乐。

中秋节

七、八、九月是一年四季中的秋季，八月十五时值三秋之半，称为中秋。中秋节是我国传统的节日，人们又称它为仲秋节、团圆节。《诸仙记》中记载了秦始皇二年中秋活动情况。《唐书》里说："八月十五日为中秋节。"可见，中秋节的历史已十分悠久。

元宵节、端午节和中秋节是我国传统的三大佳节。在古代，中秋那夜除

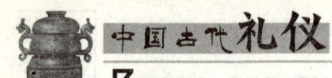

了赏月还要祭月。不过，在先秦并没有祭拜月亮的记载。中秋赏月、祭月、拜月的习俗盛行于唐朝。《开元遗事》记录了中秋之夜唐玄宗与杨贵妃到太液池望月的情况。唐诗宋词里也有中秋活动的反映。

诗圣杜甫在《月夜》诗中，抒发了中秋离乱之感。安史之乱的第二年，杜甫被安禄山军队抓获，身在长安，中秋对月而怀念鄜州（今陕西鄜县）的家眷，由"今夜鄜州月，闺中只独看，遥怜小儿女，未解忆长安"，联想中秋明月何时能照得两人，"双照泪痕干"。全诗以不团圆盼团圆结束，感人肺腑。北宋大文学家苏东坡《水调歌头》更为千古绝唱："明月几时有，把酒问青天，不知天上宫阙，今夕是何年？"将中秋赏月之俗发扬光大。苏东坡一生失意时多、得志时少，此时又长久不与仲弟苏辙团聚，郁郁寡欢，只好用互相珍重、异地共享这天上美好的月色来寄托情思。

节日里，有祭月、拜月、赏月、吃月饼之俗。祭月，则设案供奉瓜果、糕饼、燃香，以求家人在外平安，早日完聚。此俗根据月有圆缺盈亏，似人的分合离散而来。宋代是男女都焚香中庭而拜，男则愿早步蟾宫折桂枝（科举高发），女则愿貌似嫦娥，圆如皓月。至明清时代，就专属女性了，这大概同嫦娥有关。清敦礼臣《燕京岁时记》："至八月十五月圆时，陈瓜果于庭以供月，并祀以毛豆、鸡冠花……惟供月时，男子多不叩拜，故京师谚曰：男不拜月，女不祭灶。"祭月与赏月相连，成了人们的自娱活动了。

中秋吃月饼的风俗，流传很广。北宋苏东坡有咏"小饼"诗："小饼如嚼月，中有酥与饴。"以饼喻月，首次将"月"和"饼"联系在一起。另有一说，元朝的统治者统治了中国以后，为了巩固其统治地位，每十家只许用一把切菜刀，每十家还要供养一个蒙古奴隶主的爪牙。到元朝末年，各地灾荒严重，灾民颠沛流离，忍饥挨饿，无法活下去。有一年中秋前，泰州张士诚，暗中串联，把写着"杀鞑子，灭元朝；八月十五日，家家齐动手"等推翻元朝的纸条，藏在月饼里互相传送、互相联络。到了中秋的晚上，家家吃月饼，举行大起义，把元蒙的统治者推翻了。但这只是传说而已。

明代"月饼"一词已有记载，民间以月饼相遗，取团圆之意。月饼最初在家庭制作。到近代，月饼在市面出售，且制作越为精细。饼面多印有"嫦娥奔月""银河夜月""三潭印月""西施醉月"等各种图案。月饼的品种繁多，有苏式、广式、京式、宁式、潮式、滇式等，各具特色。

在赏月时，民间还流传着"年怕中秋，月怕半"的俗语，意思就是提醒人们，回顾一下半年来做了些什么，思考一下余下光阴应抓紧做些什么，不要让岁月付之东流。

月到中秋分外明。人们一边赏月一边吃月饼，联思遐想，谈天说地，"嫦娥奔月""吴刚伐桂""玉兔捣药"等神话故事，更为中秋佳节增添神秘的色彩。

重阳节

"独在异乡为异客，每逢佳节倍思亲。遥知兄弟登高处，遍插茱萸少一人。"重阳是一个秋天的节日，每逢重阳，人们会登高、佩茱萸、赏菊、饮菊花酒和吃重阳糕。

重阳大概起于汉代，晋时已经盛行，南北朝文献中多有记载，后世一直传承至今。《西京杂记》卷三载："三月上巳，九月重阳，士女游戏，就此祓禊登高。"又戚夫人侍儿言宫中乐事说，汉宫廷"九月九日，佩茱萸，食蓬饵，饮菊花酒，令人长寿。菊花舒时，并采茎叶，杂黍米酿之，至来年九月九日始熟，就饮焉，故谓之菊花酒"。南朝梁吴均《续齐谐记》则记载了一个重阳节的传说：汝南桓景随费长房游学，一日长房对桓景说："九月九日，你家当有灾厄，宜赶快离开，令家人各作绛囊，盛茱萸系在臂上，登高饮菊酒，祸乃可消。"桓景依其言，归来之时，鸡犬牛羊都暴死，家畜代替了人的灾厄了。汉末魏初曹丕《与钟繇书》中则说："岁往月来，忽复九月九日，九为阳数，而日月并应。俗嘉其名，以为宜于长久，故以享宴高会。"又说："至于芳菊纷然独荣……辅体延年，莫斯之贵，谨奉一束，以助彭祖之术。"周处《阳羡风土记》记载："九月九日律中无射而数九。俗于此日以茱萸气烈成熟，当此日折茱萸房以插头，言辟恶气而御初寒。"南朝梁代庾肩吾的《九日宴乐游苑应令》中也有"献寿重阳节"之句，可知重阳节的普遍性，赏菊、饮酒、宴会、登高、佩茱萸、荐寿乃重阳习俗。

重阳节的盛行，与人们对自然时序的特殊感受有关。重阳是夏冬转换的界限。九月九日日月并应，两阳相重，此日故名重阳。在阴阳观念中，九是阳数的极限，九九重阳意味着阳气的极盛，而盛极必衰。阳气的衰减带来了

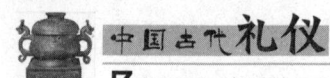

自然物候的转变。过了暮秋的重阳，寒风渐起，草木枯黄，天气明显转寒，进入霜降节气。俗谚云："吃了重阳糕，夏衣就打包。"在古人的观念中，阴阳变化、季节转换之时往往是危机产生之时，因此要在此日举行各种辟邪求吉的活动。

1. 登高野宴

唐初孙思邈《千金要方·月令》说："重阳之日，必以肴酒登高眺远。为时宴之游赏，以畅秋志。"南朝宋孙诜《临海记》说："郡北四十步有湖山，山甚平正，可容数百坐，民俗极重，每九日菊酒之辰，宴会于此山者，常至三四百人。"登高野宴是重阳节的核心节俗。登高最初是一种祭祀活动，具有避灾远祸的巫术意味。后来登高野宴脱去了巫术祭祀的意味，作为一种核心的民俗活动被固定下来，逐渐演变成告别郊野的欢愉活动。

2. 茱萸避恶

重阳另一习俗是佩戴茱萸。茱萸气味浓烈，色红，可以入药，具有祛病、除患、益寿的功用。根据晋代周处《阳羡风土记》的记载，三国时期已有用气味浓烈的茱萸插头避除恶气的习俗。汉代的《淮南万毕术》说："井上宜种茱萸，茱萸叶落井中，饮此水者，无瘟病。"《杂五行书》则认为："舍东种白杨、茱萸三根，增年益寿，除患害也。"《淮南万毕术》又说："悬茱萸子于屋内，鬼畏不入也。"重阳佩戴茱萸之俗，正是取"茱萸可避恶却鬼益寿"之意。《西京杂记》记载宫中于九月九日佩茱萸，《续齐谐记》里记载人们"作绛囊，盛茱萸以系臂"。

自唐代开始，又演变出以茱萸泛酒而饮的风俗，一是将茱萸研成粉末放入酒中；二是用酒服茱萸子。避不祥、避山岚、避毒、避邪气是人们饮茱萸酒的目的。《梦粱录》卷五载，茱萸名"辟邪翁"，菊花为"延寿客"，世人以菊花、茱萸浮于酒饮之，以消阳九之厄。

3. 饮菊花酒

"菊花开时即重阳"，菊花是九月的标志，也是重阳的象征，因此重阳节又叫做"菊花节"，有王维"无穷菊花节"的诗句为证。赏菊、簪菊、饮菊

盛开的菊花

花酒是重阳的重要节俗，真可谓无菊不成节。

菊花在重阳节的另一重要功能为饮酒之用。汉代长生不老思想盛行，人们认为菊花可辅体延年，因此又称它为"延寿客"。《西京杂记》里记录了制作菊化酒的方法："菊花舒时，并采茎叶，杂黍米酿之，至来年九月九日始熟，故谓之菊花酒。"后来的菊花酒，既有酿造的菊花酒，也有将菊花放入酒中的泛酒。《辇下岁时记》载重阳节簪菊习俗："九日，宫掖间争插菊花，民俗尤盛。"南宋杭州人重阳日也有"泛萸簪菊"的习俗。

宋代的笔记中还记录了当时更为详尽的赏菊情景。如《梦粱录》："年例：禁中与贵家皆此日赏菊，士庶之家，办市一二株无赏。其菊有七八十种，且作重九久。"清朝时，燕京富贵人家以菊花数百盆堆成九花山子和九花塔，苏州人则喜欢瓶插菊花以供欣赏，还将千百盆菊花堆叠成菊花山。

知识链接

重阳节与菊花诗

重阳节还要赏菊。元稹《菊花》诗说:"不是花中偏爱菊,此花开尽更无花。"冬季即将来临,菊花最后的绚烂引发无数诗人的感怀。

菊花如我心,九月九日开。
客人知我意,重阳一同来。
九月重阳节,开门见菊花。
诗到重阳日,还来就菊花。
九月九日望遥空,秋水秋天生夕风。
寒雁一向南飞远,游人几度菊花丛。

第四节 古代婚丧礼仪

古代婚礼的特色

古代婚礼与今日婚礼迥异其趣或相因不绝之处很多,下面略举其要。

由《士昏礼》可知,先秦婚礼相当简朴,不仅夫妇成婚的菜肴仅有数品,而且没有庆贺和举乐的仪节,与今日竞奢斗富的婚礼相比,反差非常鲜明。

《礼记·郊特牲》说："昏礼不用乐，幽阴之义也。乐，阳气也。"用阴阳之义作解释；又说："昏礼不贺，人之序也。"认为婚礼是异姓之间的联姻，目的是繁衍宗族，家家都有，人人必经，因此无喜可贺，无乐可举。《礼记·曾子问》则引孔子的话说："嫁女之家，三夜不息烛，思相离也。取（娶）妇之家，三日不举乐，思嗣亲也。"意思是说，妇家因女儿出嫁而离别，父母思念，无心举乐；夫家则将因娶新妇而取代年老的母亲在家中的地位，不免哀戚，也无心举乐。但是，从汉代起，婚礼就不断地朝着奢靡的方向发展。据《汉书·宣帝本纪》，五凤二年秋，宣帝下诏说："昏姻之礼，人伦之大者也。酒食之会，所以行礼乐也。"指责某些官员"禁民嫁娶不得具酒食相贺召"是"苛禁"。以后，帝王以及皇室成员婚礼的规格不断攀升。到唐代，民间也有借婚礼大肆铺陈挥霍的，官府曾用《士昏礼》为轨则加以干涉，但成效不大。

新婚夫妇没有特别的服饰。新郎穿的是爵弁服，下裳为纁色，镶有黑色的边。新娘头戴发饰，身穿镶有黑边的纯玄色衣裳。都是以黑色为主调的衣服。连新郎、新娘乘坐的车，也是黑色的。这与后世婚礼喜欢大红大彩的风气完全不同。

此外，新娘没有"盖头"。杜佑《通典》说，在社会动荡或有重大变故，但是恰逢婚嫁的好日子，双方急于嫁娶，则仪式可以变通，"以纱縠幪女氏之首，而夫氏发之，因拜舅姑，便成妇道"。蒙住新娘之首的"纱縠"与后世的盖头有些类似，但这是特殊情况下的权宜之法，并非常礼。

《世说新语·假谲》说晋人温峤的堂姑母委托温峤为其女儿物色夫婿。几天后，温峤说已经物色好，门第与身世不低于自己。婚礼时，新娘用手拨开纱扇，发现新郎就是温峤。这就是"却扇"一词的出典。清代平步青的《霞外捃屑》说："古时婚礼，侍儿以纱扇蔽新妇，彻扇曰却扇。"南北朝庾信的《为上黄侯世子赠妇》诗说："分杯帐里，却扇床前。"也是用温峤娶妇的典故。

到唐代，却扇已经成为普遍的礼俗。《资治通鉴》记载，唐中宗景龙二年，赐婚御史大夫窦从："内侍引烛笼、步障，金缕罗扇，自西廊而上，扇后有人。"两人相对而坐之后，中宗命窦从"诵却扇诗数首，扇却，去花易服而出"。胡三省的注说："唐人成婚之夕，有催妆诗、却扇诗。"新娘要等新郎做了却扇诗之后，才肯除去挡脸的扇子，确实很有文人婚礼的情趣，于此也可见唐代诗风之盛。唐封演的《封氏闻见记》说："近代婚嫁有障车、下婿、却

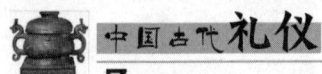

扇及观花烛之事。""上自皇室，下至士庶，莫不皆然。"

直到宋代，才出现了如同今日的盖头。宋代吴自牧《梦粱录》卷十二，记当时婚礼，要请男家一位福寿双全的女亲，用秤杆或纺梭挑起新娘的盖头。后来，变为由新郎亲手掀起盖头。

从先秦时代起，婚礼使用的器物就有超越身份的现象，例如，士亲迎用的墨车，是大夫的车；用作见面礼的雁，也是大夫的规格。郑玄将这种现象解释为"摄盛"，意思是在婚礼这种特殊的场合，可以允许稍有越位的行为。后来，"摄盛"成为一种习俗而流传千年，新郎即使是平头百姓，在结婚之日也可以戴纱帽、穿官服，大家还可以称他为"新郎官"。至于车、轿之类就更不用说了。如今的婚礼，接新娘不仅用豪华轿车，甚至可以住进"总统套房"，"摄盛"的规格，大概是无以复加了。

婚姻的含义及形式

婚姻自古是人生大事，是构成家庭和社会的基础，所以不论处于怎样的文化背景和地理环境，都受到普遍的重视，每个地方的婚礼都是隆重而盛大的。《礼记·昏义》中说："昏礼者，将合二姓之好，上以事宗庙，而下以继后世也，故君子重之。"婚姻礼仪是男女两性结合缔结夫妻关系的一种文化形式，按照中国的传统习俗，婚姻有既定的程序，也有许多不可冒犯的禁忌。

婚姻古时又叫"昏姻"或"昏因"，因为古代婚礼中，男方通常是在黄昏时分到女方家迎亲，这叫"昏"，女方则随男方出门，这叫"因"。这种"男以昏时迎女，女因男而来"的习俗，就是"昏因"一词的来源。简而言之，婚姻是指男娶女嫁的过程。

在中国历史上，因为历史的、民族的、经济的差异，形成各种各样的婚姻形式。

1. 强夺婚

强夺婚又称抢婚，是原始社会的一种婚俗，是男子通过掠夺妇女的形式来缔结婚姻。一般认为，这是原始社会人类由群婚向个体婚过渡的一种婚姻习俗，这种形式的婚姻在《周易·屯》爻辞中有记载："屯如邅如，乘马班如。匪寇，婚媾。……乘马班如，泣血涟如。"意思是创始艰难，彷徨不前。乘马的人纷纷驰来，他们不是强盗，而是求婚的人……被抢的女子拼命呼喊，泣泪涟涟。从抢婚的历史看，最初可能是强制性的，后来才变成表演性的。

2. 招养婚

一般的婚姻形式是男婚女嫁，男子娶女子到男家一起生活。招养婚指的是女子不离开家，招男子入女家为婿的婚姻形式，也叫"入赘""招赘婚""倒插门"等。招赘婚的形成一般有两方面的原因：一方面是女方家中有女无男，招养是为传宗接代、继承家业并为老人养老送终；另一方面是男方家贫但多子，送儿子到女家上门可以促使其结婚，同时减轻家庭负担。

3. 交换婚

交换婚是两个家庭各自的女子与对方家庭男子成婚，也叫"姑嫂婚""小姑换嫂""姐妹换妻"等。这主要发生在贫苦人家，双方家庭经济困难，无力为儿女置备聘礼或嫁妆，又有适龄儿女。姑嫂交换缔结婚姻，可为双方省一笔彩礼。随着社会的发展和婚姻自由度的提高，交换婚日趋消亡。

4. 冥婚

冥婚又称阴婚，是家长为已死的未婚男女婚配的婚姻形式。中国人有事死如事生的传统，民间信仰认为人在阳世死了，还会在阴间活着，如果生前没有婚配，死后必然孤苦无依，所以活在阳世的家人会为其寻找配偶。冥婚习俗是一种迷信的做法，但也表达了父母对儿女的爱恋与思念。

5. 自由婚

自由婚是建立在男女自由交往、互相倾慕和双方性爱基础上的婚姻形式。中国传统社会认为，婚姻是两个家族之间的联姻，延续子嗣比个人情感更重要，所以纯粹的自由婚处境都比较艰难。在《诗经》中有不少男女自由婚恋的场面。《郑风·野有蔓草》："野有蔓草，零露漙兮，有美一人，清扬婉兮，邂逅相遇，适我愿兮。"这里就描写了一对青年男女一见钟情、彼此吸引、互相爱慕的情景，反映了秦汉以前，礼制还未完备，男女之间可以自由地交往

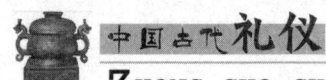

和恋爱。

6. 童养婚

童养婚是指男方家从小领养或买进他人未成年的幼女做儿媳妇,等到成年后,再与其子完婚。这种形式民间又形象地称作"等郎婚"。大多数童养媳在婆家地位低微,要担任繁重的家务劳动,还要受到婆婆的指责和折磨。许多民间歌谣反映了童养媳生活的艰难:"十八岁大姐周岁郎。高矮个子一般长。白天喂吃又喂喝,晚上帮他脱衣裳。来尿糊屎我服侍,说是老婆像他娘!""童养媳,不当人,日日夜夜受苦辛;做有份,吃无份,弄得不好吃柴棍。"在正式成婚之前,童养媳是男家儿子的未婚妻,担当的角色却类似保姆或姐姐,双方不得同居。到了婚龄,婆家选个日子为他们完婚,俗称"圆房",其礼仪普遍比较简单,花费很少。

娶亲的程序

中国古代的婚姻以其礼仪的隆重和场面的铺陈而颇具特色,传统的婚姻礼仪指从议婚至完婚全部过程的礼仪程式,即纳采、问名、纳吉、纳征、请期、亲迎,称为"六礼"。这一娶亲程式,早在周代时已确立,在《礼记·昏义》中可以看到相关的记载。以后各代虽然名目和内容有所变动,但大多沿袭周礼,到清末之后,六礼演变纷繁,不断简化,到现在已经非常简单了。

1. 纳采

纳采为六礼之首礼。男方想要与女方结亲,请媒人前往女方家提亲,在得到对方应允后,再请媒人正式向女方家求婚,并带一定的礼物。《仪礼·士昏礼》载:"昏礼,下达纳采。用雁。"古代纳采礼的礼物只用大雁,这里有三方面的含义:一是大雁是候鸟,秋天南飞,春天返回,来去有时,象征坚贞不渝的爱情;二是大雁迁徙时,领头的是强壮的大雁,而幼弱衰老的紧随其后,象征婚嫁长幼有序,不越序成婚;三是大雁雌雄从一而终,象征男女能白头偕老。纳采是全部婚姻程序的开始,后世基本沿用了周代的这一礼制,但礼物有所变化。

2. 问名

问名的意思是媒人到女方家询问女子的姓名、排行和生辰八字。问名还包括要问清女子是亲生还是收养，是正室所生还是继室所生，在重视血统观念、门第观念的时代，这是至关重要的。问名也用雁做礼物。

3. 纳吉

纳吉是男方在问名后将双方生辰八字拿去占卜，然后将上婚的吉兆通知女方，并送礼表示要订婚的礼仪。民间有许多关于属相婚配的说法，比如："青兔黄狗古来有，红马黄羊寿命长，黑鼠黄牛两头旺，龙鸡相配更久长，婚配难得蛇盘兔，家中必定年年富。"当然这些是没有任何科学根据的。古时，纳吉也要行奠雁礼。

4. 纳征

纳征，也叫纳币、"过大礼"。据《礼记·昏义》记载："纳征者，纳聘财也。征，成也。先纳聘财而后婚成。"《礼记·曲礼》也说："非受币不交亲。"也就是说，在嫁娶过程中，收受男方的礼物是一个标志性的行为，婚姻是否成立，以此为分界。古人所说的"女子许嫁"，其实也就是"已受纳币礼也"。

纳征的过程：纳征通常在大婚前两周至一个月进行。当日由男方家长请两位或四位女性亲戚（她们必须是全福之人，即有丈夫、儿女，而公婆、父母皆在）会同媒人，带着商议好的聘礼到女方家中。聘礼送到后，男方家里的女宾便会打开礼盒挑选几件精美的金饰一边为准新娘戴上，嘴里一边说着各类吉祥的言词，随后大家互相祝贺道喜，至此纳征仪式宣告结束。

5. 请期

送完了聘礼，往往男方家庭就希望尽快将新娘娶回自家。于是就通过占卜确定结婚日期，之后派媒人携带着"雁"到女方家中，征求女方家庭的意见，这就是周礼中规定的"请期"。实际上，"请期"在当时只是表达对女家

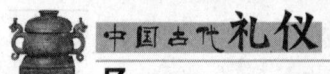

古代新房装饰

的尊重而已，其辞令是谦逊诚恳的。如男方的媒人说：我们是否挑个吉日，把婚事给办了？请问哪天最合适？当然，这是客套话，但不说却是失礼的。女家回答说：既然你们已经选中了吉日，还是请你们决定吧！媒人这才把婚期告诉女家。双方在商量中就把结婚的日子确定了。后来，人们发现，"请期"不仅是一种礼仪的需要，还是一种实际的需要。因为古代人往往笃信"坐床喜"，希望新娘在新婚之夜就能怀孕，这就要避开女子的"例假日"。这就需要通过"请"的方式来征求意见。

"请期"在民间有"挑日子""送白头"或"提日"等不同的叫法，但千百年来的变化并不多。宋代时"请期"与"纳征"合并了，这在当时不仅省却了一道程序，还省去了一些婚礼的花费。

古人之所以要"请期"，其根本目的还是要"择吉"。古人认为，婚姻关系的确立是天作之合，那么，结婚的日期与时辰也应该顺应天时才会有好结果。所以，先秦、秦汉时期就开始通过占卜的方法来选择"吉日良辰"。在季节上大多定在春秋季。

不仅要选择季节，人们还要选择年、月、日，后来人们常常通过老黄历来择定。古人认为，冥冥宇宙中有神煞当值，神煞有吉神凶神之分，选择吉日吉时其实就是确认这个时间是哪一尊神煞在哪一个方位当值，然后做出趋吉避凶的安排。比如"岁德"是年神中的吉神，所理之地万福辐辏，自然是办婚事的好年头，倘若凶神"太岁"驾临，那就必须回避了。再如，人们以子、午、卯、酉为"当梁年"，忌"当梁年"结婚，认为"其年娶妇，舅姑不相见。"

6. 亲迎

亲迎，也称迎亲，是"六礼"中的最后一礼，即新郎亲自迎娶新娘回家的礼仪。据《诗经·大雅·大明》记载："大邦有子，倪天之妹，文定厥祥，亲迎于渭。"可见，亲迎礼仪最早始于周代，此后历代沿袭。

在我国古代婚姻文化历史中，亲迎礼的形式多种多样，尤其是在清代，亲迎的形式不但形式多样，而且十分隆重。《仪礼》中记载的亲迎礼是这样的：

黄昏时，由新郎亲自前去新娘家迎接新娘。亲迎时，要由父亲发出命令并进行教导后，新郎才能出发。出发时，新郎乘漆车，随从乘两辆副车，并给新娘准备一辆，其规格与新郎的相同，但有帷幕。到了女家，新娘的父亲在门外迎新郎，并行三揖三让礼来引导其进门。这时，新娘已经打扮妥当，由母亲及陪嫁们陪着，面朝南站立。新郎入室后，向岳父行再拜叩首礼，然后出门，新娘跟从。此时，父亲在阼阶上送别女儿，并嘱咐说，一定要恭敬从事，什么时候都不能违背夫君的命令。母亲则将带子围在女儿身上，结好佩巾，将父亲的话再嘱咐一次。庶母送到门外，将盛佩巾的小囊佩戴在新娘身上，并重申父母之命：恭恭敬敬地听从你父母的话，白天黑夜都不要有过错，经常看看这个盛佩巾的小囊，就不会忘记父母的告诫了。

接着，新娘跟在新郎后边从西边的台阶下堂。出家门后，新娘上车，新郎则亲自驾车，在车轮转了三圈后，新郎下车。之所以如此，是要表示迎亲的车是由新郎亲自启动的。此外，根据当时的习俗，新郎的父母要第二天才能见新娘，所以新郎必须另外驾一辆车提前赶到家，以便迎接新娘。

同食共饮

黄昏时分，新娘被新郎"亲迎"回家，虽然"婚姻六礼"到此结束，但是，婚礼还没有结束。新郎新娘要进食新婚的第一餐，还要喝新婚的第一杯酒，这就是"共牢而食，合卺而饮"。婚礼是"礼之本"。《礼记·昏义》中说："共牢而食、合卺而饮，所以合体同尊卑，以亲之也。"也就是说，"共牢而食，合卺而饮"是为了体现夫妇一体、彼此亲爱的意思。

具体仪节是：新娘到达夫家后，侍者交替为新郎、新娘浇水洗手，赞礼者这时已经为新人安排好了新婚第一餐的馔席。

古人吃饭的习惯和现代有些不同。在那时，饭桌上的食物是每人一份，不共用。可是，婚礼上的第一餐却是例外。

在新郎、新娘的中间摆着三个古代盛肉食的"俎"，其中一个放着几条鱼，另一个放着一只风干的兔子，还有一个放着一份乳猪。这三个俎中的东西是夫妇共同享用的，这就叫"同牢而食"，"牢"是指俎或者俎里的食物。同吃一份食物，这让原本素不相识的男女双方之间的亲密程度迅速提升。

新婚第一餐的饭菜非常简单。不仅如此，进食的过程也非常简单。侍者将俎中的食物夹给他们，夫妇先吃一口饭，再喝一口肉汤，然后再用手指蘸一点酱吃，这个过程被称之为"一饭"。总共要重复三次，即"三饭"，对此的说法是"三饭告饱，食礼完毕"。

吃晚饭，还要进行"三酳"。古人饭后，要用酒漱口，这样做的目的有两个，一个是清洁口腔；另一个是安食。但在婚礼中，"酳"有三次。"三酳"中使用的酒器，前两次是爵，最后一次是卺。所谓"卺"，即对剖而成的两半葫芦瓢，夫妇各拿一半来喝酒，这一仪节就是"合卺而饮"了。

进餐完毕，侍者便为新婚夫妇铺好卧席，二人脱去礼服，新郎亲手解下新娘许嫁时系上的缨带，同房共寝。

拜见舅姑

"拜见舅姑"就是拜见公婆，舅姑是古代对公公、婆婆的称呼。这一仪节通常在"亲迎"后的第二天早晨举行。

清晨，新娘早早地起身沐浴梳妆，穿戴整齐后，以新妇的身份上堂拜见公公、婆婆。公公以主人的身份在阼阶上即席，婆婆以内主的身份在房门外的西侧即席。

新娘手里捧着装有枣、栗的竹篮，提梁上覆盖着"缁被纁里"的手巾。缁色布在外面象征着阳，纁色布在里面象征着阴，取的是阴阳相交之意。新娘提着这样一个篮子，从西阶上堂，到公公席前行拜见礼，礼毕，将竹篮放在席上。公公抚摸竹篮，表示收下礼物。然后，新娘又捧着一个装有干肉的竹篮到婆婆席前行拜见礼，并将竹篮放在席上。婆婆举起竹篮，就表示收下礼物。在古代，向长辈进献礼物时，要把礼物放在地上或者席上，来表达对方尊而自己卑，不敢手授的含义，这与今天亲自交给对方表示敬意正好相反。

接下来，主持婚礼的人代表公公、婆婆用醴酒向新娘致礼，表示接纳新娘成为家庭中的一员。然后，新娘向公婆"馈特豚"，也就是进献一只煮熟的小猪。小猪经过左右对剖之后，先一起放入鼎中，食用之前取出来，分别盛放在公公、婆婆的俎上。之所以"馈特豚"，是为了表示新娘开始以媳妇的礼节孝敬公婆。最后，公公、婆婆安排酒食款待新娘，以及女方家的有关人物，同时赠送礼物。到此，"拜见舅姑"礼就结束了，舅姑要下堂。以前，公公、婆婆是从东面的阼阶上堂下堂的，因为那是主人专用的台阶。但"拜见舅姑"礼结束后，公公、婆婆就要从宾阶，即西边那个台阶下堂了。相反，新娘则要从东边这个台阶下去。在这默默的上下堂的行为中，新妇已经和公公、婆婆完成了家庭管理权的交接大事，新娘从此代替婆婆成为家庭的主妇。

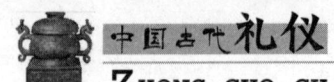

如果男女双方在结婚时，公公、婆婆已经去世，那么，这个"拜见舅姑"的仪节也不能少，但这时就叫"奠菜"了。

知识链接

古人的"事死如事生"的传统

古人有"事死如事生"的传统。即使父母已经去世，但是他们九泉有知，结婚这样的大事，一定要告诉父母。这就是在宗庙祭祀时，用"奠菜"礼仪拜祭公婆。周时的人实行四时之祭，春、夏、秋、冬，每季一祭，也就是每三月祭祀一次。新娘过门后，不出三个月就会遇到一次祭祀。因此，"奠菜"一定要在婚后的三个月内。到了宋代，人们认为三月而"奠菜"，相隔的时间太久，于是，《朱子家礼》将其改为三天，于是成为一种制度流传于后世。

回门

在古代，"回门"也被称为"反马""归宁""拜门""回红"等。它虽然是"婚姻六礼"之外的一个仪节，但它也是婚姻过程中一个必不可少的程序。回门的礼仪结束后，婚姻礼仪才宣告完成。

"回门"有接与不接两种方式。所谓"接"，是指由新娘的哥嫂或弟弟等家人前去男家接回；所谓"不接"即是新郎和新娘一同前往女家。接与不接，并无一定规矩。

"回门"的内容有两个：一是新娘向父母和家人介绍在男家的情况，主要是介绍女婿的情况；二是女婿拜见岳父母以及女家兄弟姐妹和族亲。因此，"回门"礼中新郎在女家要受到隆重的接待。

停尸仪

丧葬礼仪是关于死亡的仪式，是人们既感到恐惧，而又不得不面对的人生重大仪式。其中"停尸仪式"体现了人们对寿终正寝的追求。

《仪礼·士丧礼》中的丧礼仪式是从死者弥留之际的"停尸仪式"开始的。

在病人不省人事的时候，《礼记·丧大记》中说"属纩以俟绝气"，也就是说用属纩的方法来判断病人是否气绝。属，是放置的意思；纩，是一种极其轻薄的丝。属纩就是将丝絮放在病人的鼻孔前，如果病人还有一息尚存，丝絮就会飘动，否则就表明病人已经气绝。

《士丧礼》中说："死于適室。"適室就是適寝之室，通常称为正寝。古人认为止寝是正性情的地方，人必须死在正处，所以有"寿终止寝"的说法。古代，如果人生病住在别的房间，在临死前就要移居正室之中，这样，死者就可寿终正寝了。

人一死，家人就要为他招魂，称为"复"。古人认为，人的生命是由魂和魄组成，魂就是灵魂，是一种精气；魄是躯体，是魂的寄寓之处。灵魂附着在体魄之中，那么生命就是存在的；反之，如果灵魂离开了体魄，人就会昏迷或者死亡。人刚死的时候，灵魂距离体魄不远，如果大声呼喊，或许能让它回到体魄之中。所以，古人将这种礼称为"复"，专门招魂的人称为"复者"。招魂时由复者拿着死者生前穿着的能代表其身份的衣服，一手执领，一手执腰，面向幽冥世界所在的北方，连喊三声"哎——回来啊"。如果是男子，就叫其名；如果是女子，就叫其字。喊完后，将衣服从房的正檐扔下来，下面有人用衣箱接住，从东面台阶走入正堂，然后把衣服盖在死者的身上，希望死者的魂能够再次回到他的身上。"复者"也从房屋上下来了。这一仪式表示为挽回死者的生命而做的最后一次努力。

接着是亲属为死者沐浴。清洗尸体所用的水一般都是买来的，俗称为"买水"。"买水"为死人沐浴的目的是要让死者干干净净地到达阴间，被祖先所收留。

在对死者进行沐浴后，要穿上"寿衣"。寿衣的具体样式因为地域

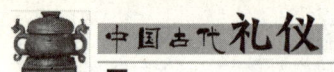

文化原因各有不同，但必须是传统的式样，因为按照传统的观念，人死之后就要去见老祖宗，如果老祖宗认不出自己的子孙，就会不让他认祖归宗。

按照旧时的规矩，在沐浴更衣的仪式结束之后，还要举行"饭含"仪式。饭含是指在死者的口中塞上珠、玉、米、贝之类的东西。这是为了不让死者张着空嘴、饿着肚子到阴间去受罪。

在沐浴更衣后，亲属要马上把尸体移到中堂木板床上，头北脚南，这在古代被称之为"易箦"。尸体头前置"长明灯"，意味着为死者灵魂引路的。灯旁放一碗满饭，饭上竖插一双筷子或棍子，俗称"打狗棒"，意思是让亡灵在阴间的路上打狗用的。这些行为被称为"停尸"。

报丧和吊唁

在当今的港澳台和海外华人世界里，丧家一般要在报刊上发"讣闻"向亲友报丧，这些都是古代丧礼的遗风。

丧事的第一天，丧主首先要向国君报丧。死者有士的身份，是国君的臣下，犹如国君的股肱耳目，彼此有恩情。因此，国君得悉噩耗后，随即派一位士前往丧家吊唁。作为国君委派的代表，士要向丧家致哀悼之意。此外，国君还要另外派人致送助丧的物品。丧家要按照丧礼的要求治丧，必然会有家中没有或者一时来不及备办的物品，因而特别需要周围的帮助。身份越高，需要的丧具也就越复杂。先秦时期，一国有君丧，天子和诸侯都要来助丧，《左传》隐公元年，"秋七月，天王使宰咺来归惠公仲子之赗"。《谷梁传》解释说："乘马曰赗，衣衾曰襚，贝玉曰含，钱财曰赙。"

吊唁是与死者的告别，是表达内心情意的最后机会。

接着，士抬起尸体，众男女则在两旁捧持着尸体，然后将尸体安放在堂上，用夷衾覆盖尸体，等待大敛。众男女在尸周围顿足而哭。

吊唁常用的白剑兰

大敛

所谓大敛，就是指人死后最重要的礼仪。其主要内容就是把尸体装到棺柩里。地点由適室转移到堂上，表示死者正一步步地离开自己生活过的地方。

为了便于将尸体装殓入棺，首先需要在堂的西阶之上挖一个称为"肂"的坎穴，其深度以能见到棺与盖之际的木榫为准。然后用窆车将棺柩徐徐放入坎穴中，棺盖放在地上。

接着在堂上张设帷幕。尸体西侧，站立的是面朝东方的妇人们。丧主与亲属在尸体东侧，面朝西，袒露左臂。有司在东阶上铺席，并依次陈放敛尸用的绞带、单被、絮被、衣服，最好的祭服放在外面。将尸体抬到大敛席上，按与小敛类似的方法为死者加衣。根据丧礼的规定，士大敛所加的衣服为 30 套。加毕，也用绞带捆扎，"横五缩三"，即横向五根，纵向三根。接着，丧主将尸体捧入棺木入殓，丧主察看坎穴中的棺木，接着在棺木四周各放一筐炒熟的黍稷，这是为了吸引日后可能钻入棺木中的虫蚁，以免它们噬咬尸体；然后将棺盖合上，之后用泥巴涂在上面。丧主号哭，顿足不计次数。大敛完毕，撤去帷幕。丧失至亲的主人夫妇手抚棺柩大声哭泣，有司将标志死者身份的旗旌插在坎穴的东侧。大敛结束后，丧主与亲属开始正式服丧，本该有丧杖的要执持丧杖。

大敛以后，棺柩停放在肂内，等待落葬。古人把停柩叫作"殡"。如今，人们把尸体安放的场所叫作殡仪馆，就是来源于此。《礼记·王制》说："天子七日而殡，七月而葬。诸侯五日而殡，五月而葬。大夫、士、庶人三日而殡，三月而葬。"意思是说，从死到停柩，天子需要七天，诸侯需要五天，大夫以下只要三天；停柩的时间，天子为七月，诸侯为五月，大夫以下只要三月。这是因为葬礼的规模不同，需赶来参加丧礼的人相差悬殊，所以需要准备的时间也就有长短。

根据与逝者关系的亲疏远近而定丧服的制度，即按斩衰、齐衰、大功、小功、缌麻等服丧守孝，这五服既是丧服的五种规格，也成为亲属关系的代名词。《仪礼》专有《丧服篇》用六卷篇幅详加阐述。

斩衰。衰也称为缞。《仪礼·丧服》："斩衰裳，苴绖、杖、绞带，冠绳缨，菅屦。"丧服上身为衰，下身为裳，斩是不缉边，用最粗的生麻布做这身

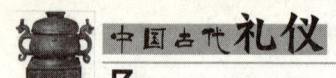

不缝缉边际的孝衣，是丧服中最重的一种。还要配粗麻的苴绖，系在头上为首绖，系在腰上为要绖。苴杖就是指没有磨削的粗竹制成的手杖，主要是在哭丧时用来支撑身体之用。苴绞带是用粗麻绞成的带子，也系在腰间。冠绳缨是在布帽上盘一条麻绳为"武"，麻绳垂下一些为"缨"。菅是一种多年生的草，菅屦是草鞋。孝子在居倚庐，寝苫枕块时要穿戴这身孝服三年。除"子为父"外，"诸侯为天子"，"父为长子"（继祖传宗者），"为人后者"，就是指死者如果没有和正妻所生的儿子，为承重孙的嫡孙代其父为祖父服斩衰。还有"妻为夫"，"妾为（夫）君"，在室的女儿也要服斩衰三年，只是要用竹笄，麻与发合结丧髻，服斩衰而不斩衰，与男子的丧服有所不同。

齐衰。《仪礼·丧服》："疏衰裳齐，牡麻绖，冠布缨，削杖，布带，疏屦。"疏即粗，齐是缉边。牡麻即枲麻，大麻的雄株为绖带，冠布缨是在布帽上盘一布带为"武"，垂下一些为"缨"，削杖是加工过的手杖，腰间系布带，疏屦仍是草鞋。这身缝缉边际的孝服，比斩衰稍轻，又分成服三年和服期年（一年）两等。

服三年的是"父卒为母"，因为"天无二日，家无二尊"，因此为父母服丧，虽同是三年，但父为斩衰，母为齐衰，以示区别。同时还规定，父卒三年之内而母卒，只为母服，一年，要父卒三年服除之后母卒，才能服齐衰三年。"继母如母""慈母如母"。慈母是养母。还有"母为长子"，也是齐衰三年。上述父在为母服一年，因为在家里父为至尊，父亲健在，只能委屈去逝的母亲，只服丧一年就行。但儿子的哀伤却不可因此而断绝，内心仍然需要哀思三年。父亲为尊重儿子的感情，必在三年之后再娶。齐衰三年是专为生母或继母、慈母而设的，后来子为母服丧改斩衰，便取消了这一丧服等级。

齐衰期者即服一年丧，服丧一年和服丧三年的服装制式相同。有"为妻"，"出妻之子为母"。所谓出妻，就是指被夫家休掉的妻子，其子要为母服齐衰一年，否则应按上述规定服三年。《仪礼·丧服》还有明文规定："出妻之子为父后者，则为出母无服。"儿子一旦要为嗣承重奉宗庙，就不能为被休出与族绝的生母服丧了，原因是，"与尊者为一体，不敢服其私亲也。"出妻被出的原因是犯"七出"之罪过，即：无子，淫泆，不事舅姑，口舌，盗窃，妒忌，恶疾。天子、诸侯之妻，无子不出，唯有六出。这里面偏偏没有理应处在第一位的夫妻感情的原因，反映着家庭生活也要服膺于宗法秩序的中国特色。齐衰除了上述齐衰杖三年、期年两等，又有齐衰不杖期（一年）、齐衰

第三章　社会活动中的礼仪

三月两等。后世齐衰杖只期一等，而齐衰不杖分期、五月、三月三等，总而言之，齐衰丧服分为四等，所以丧服制度实际是五服八等。

齐衰不杖是仍服齐衰而不再扶杖，表示亲疏关系稍远而哀痛程度有差。《仪礼·丧服》称，"不杖，麻屦"，改着麻鞋。

为服齐衰不杖期的是丧"祖父母"，"世父母"即伯父伯母，"叔父母"，还有"大夫之适子为妻"，显然这后者服不杖一年与庶人之嫡子为妻或大夫之庶子为妻要服杖期一年是有区别的。除为"昆弟"，即兄弟，及在室未嫁的姊妹服齐衰不杖期一年丧外，还要"为众子"，即长子之弟和妾之子，及在室未嫁的女子（女儿）和"嫡孙"等服此丧。上文已经说过，"为长子"要服斩衰三年，而"为众子"只服齐衰不杖一年，又显示嫡庶明显有别。"为人后者，为其父母"和"女子子适人者，为其父母、昆弟之为父后者"也要服此丧。儿子为生身父母本应服斩衰和齐衰三年，既为人后，成了人家的大宗，按礼法不贰斩，所以改服不杖期。女儿出嫁后为生父也只服不杖期，则是妇人不二斩，从体现"三从之义"，就是指"未嫁从父，既嫁从夫，夫死从子"（《仪礼·丧服》）。在家为父斩，出嫁为夫斩，父与夫不能二尊，所以出嫁之妇，为夫服斩衰三年，为父只服齐衰不杖一年。又虽然夫死从子，但不为子斩，是因为子为母齐衰，母为子不得过齐衰。服此丧者还有许多，例如"继父同居者"，继父原本不属于骨肉至亲，比继母又降一等，而且"同居则服齐衰期，异居则服齐衰三月"。其余的不再一一讲述。

齐衰三月是齐衰不杖中服丧期短于期（一年）的等级，仍是"疏衰裳齐，牡麻绖"。以其轻故，不言冠带，鞋用绳履。"寄公为所寓"，失地之君为寄公，为所寄之国君与民同服齐衰三月。还有"丈夫、妇人为宗子、宗子之母、妻"，敬宗以体现尊祖之义，但如果"宗子之母在，则不为宗子之妻服"。还有"为旧君、君之母、妻""庶人为国君""大夫在外，其妻、长子为旧国君"和前面说过的"继父不同居者""曾祖父母""大夫为宗子""大夫为旧君"。《仪礼·丧记》还特别说到，对曾祖父母，不管是大夫对曾祖父母为士者，还是女子子嫁于大夫者、未嫁者，都要服齐衰三月。因此，士大夫虽然地位尊崇，却不能对其祖先有轻视之意。

大功在五服中排在中间，《仪礼·丧服》："大功，布衰裳，牡麻绖"，用细麻布加工而成，用工粗大而称大功，或以为未成年人而设所以称大功。人未成年而死，犹如谷物未熟，称殇，"年十九至十六为长殇，十五至十二为中

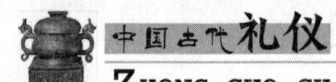

殇，十一至八岁为下殇。不满八岁以下，皆为无服之殇"。男女已冠笄则不为殇，女子已许嫁也不为殇。要按大功服丧的是"子、女子子之长殇、中殇"和"叔父""姑姊妹""昆弟""夫之昆弟之子、女子子""嫡孙"之长殇、中殇，还有"大夫之庶子为适昆弟之长殇、中殇""公为适子之长殇、中殇"、"大夫为适子之长殇、中殇"。服丧期长殇皆九月，缨绖，即绖有缨，中殇七月，不缨绖，绖无缨。就是指出生三月，父亲为其起了名字的婴儿，一旦夭折，就需要为之哭丧；那些出生不满三月，父亲也没有为其起名的婴儿，一旦夭折则不需要为之哭丧。

属大功亲的还有"适妇"，即嫡人之妻，"从父昆弟"，即堂兄弟，及堂姊妹未嫁者，"庶子"，即妾生子。还有"女子子适人者为众昆弟"，即已出嫁的女子为其兄弟也要服大功等许多情况。

小功是又比大功轻便的丧服。《仪礼·丧记》："小功布衰裳，澡麻带绖。"丧服也用细麻布做，用功精密细小，故称小功，澡是洗濯去浮垢，使之滑净。用这样处理过的麻制成带绖，服丧期为五个月。列入小功亲的是"叔父之下殇""适孙之下殇""昆弟之下殇"，即八岁至十一岁去世的叔父、嫡孙和兄弟。还有"大夫庶子为适昆弟之下殇""为姑姊妹女子子之下殇""为人后者，为其昆弟、从父昆弟之长殇""为夫之叔父之长殇""昆弟之子、女子，夫之昆弟之子、女子之下殇"和"大夫之妾，为庶子之长殇"等，都要服小功，"君子子为庶母慈己者"也服小功。《仪礼·丧服》又将以上内容统一称之为："小功者，兄弟之服也。"

小功这一类中，还有上下两种丧服。稍重的是一种细而疏的麻布，专门是"诸侯之大夫为天子"服的，"既葬除之"，天子殡七月而葬，所以服丧期为七月，长于一般的小功五月。又有稍轻的"小功布衰裳，牡麻绖，即葛五月者"，虽仍为五个月，但去麻就葛，又轻一些，是为"从祖祖父母""从祖父母""从祖昆弟""从父姊妹"等服的，从是堂房亲戚，即曾祖、祖父和父亲兄弟辈的后人。

缌麻是五服中最轻的一种，用精细的麻布制成，服丧期三个月。下列亲戚之丧服缌麻："族曾祖父母""族祖父母""族父母""族昆弟""庶孙之妇""庶孙之中殇""外孙""乳母""曾孙""甥""妻之父母""姑之子"（外兄弟）"舅之子（内兄弟）"等。除此之外，"庶子为后者为其母""士为庶母"也服缌麻。《仪礼·丧服》还指出："外亲之服皆缌也"，外亲异姓，正服不过缌。缌麻亲已关系疏远，更远者不服丧，不在五服之内，后来也就把出五服当做戚属关系解除的同义词。

五服之外又有"吊服"，指的是朋友之间的吊死服饰，服弁绖，素色爵弁坏绖，就是在素弁上缠一圈麻。《仪礼·丧服》疏称："《礼记·礼运》云：'人其父生而师教之，朋友成之。'"又称："同门曰朋，同志曰友。"朋友之间尽管不存在血缘关系，但有一起患难的恩情，所以相为服缌之绖带。自古又有王以诸侯为朋，诸侯视臣亦有朋友之义，所以吊服有三种：锡衰、缌衰、疑衰，如王为三公六卿锡衰，为诸侯缌衰，为大夫、士疑衰，质地渐细，有些区别。

还有"袒免"。亲属关系出了五服则袒免，袒是露左臂，免是去冠括发，既然袒臂，就不能再带冠，要把头发束起来。《礼记·大传》："四世而缌，服之穷也。五世袒免，杀同姓也。六世亲属竭矣。"五世共承高祖之父，服袒免而没有正服，原因是已经出了九族，关系疏远，只是同姓而已，临丧只是因事而袒。《仪礼·丧记》："朋友皆在他邦，袒免。"若在外则袒免，与宗族五世袒免一致。

丧服制度的制定主要是遵循四项基本原则，其中包括：亲亲、尊尊、长长、男女有别等礼制。丧服论尊尊，以君、父、祖父为至尊，伯父、叔父为旁尊，分别服斩衰三年和齐衰期的重孝。论亲亲，比如为母服齐衰三年，为妻服齐衰期。还论名分、出家在家和长幼。又有从服、报服。从服是因间接关系，跟从他人服丧，如子为母党，臣为君党，夫为妻党服丧，其中又有轻重，如妻之父母去世，妻重服齐衰期，夫随而轻服缌麻三月。而没有出嫁的女子则要为父母服斩衰和齐衰三年，比已嫁女子为父母服齐衰期要重。还有报服，如姑侄两相为报。

在服丧时要遵循的一项原则是："丧礼与其哀不足而礼有余也，

披麻戴孝

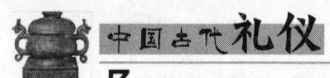

不若礼不足而哀有余也。"这与祭礼一样:"祭礼,与其敬不足而礼有余也,不若礼不足而敬有余也。"(《礼记·檀弓上》)这是孔夫子极力主张的,要求丧主孝子首先要表现出尽哀的感情,而不是铺张繁缛的礼仪形式。

哭泣仪节

失去亲人所带来的痛苦犹如撕心裂肺,但生者因伤心过度也会导致死亡,以致前丧未了,后丧又起。而且,亲人的丧事尚未办完,丧主就死了,实际上没有尽到为父母送终的责任,这也是不可取的。为了防止酿成这类"以死伤生"的悲剧,需要从礼制上作出种种限制,使丧家能面对现实,节哀顺变,于是就有了哭踊、代哭、朝夕哭等规定。

人在悲伤之极时会情不自禁地"辟踊",也就是捶胸顿足,所以《礼记·檀弓下》说:"辟踊,哀之至也。"为了防止"辟踊"时失去控制,丧礼有"成踊"的规定,除了少数仪节可以不加限制外,多数仪节为"三者三",即每一仪节三踊,每一踊三跳,一共九跳。礼节中的这类数量限制,称为"有筭",《礼记·檀弓下》说:"有筭,为之节文也。"

在大敛之前有"代哭"的规定。代是轮流更替的意思,代哭就是亲属轮流到殡宫哀哭,丧家不仅可以保证一直有人哭丧,而且还能保护大家的身心不受伤害。

大敛以后,哀痛之情稍杀,全家男女每天只要在朝、夕两个时间到殡宫号哭就可以了,不再代哭,称为朝夕哭。当然,哀痛所至时,也可以到殡宫痛哭,并非一律禁止。

下葬仪节

陈大遣奠。天亮时,在庙门外陈羊、豕、鱼、腊、鲜兽,共五鼎,这是"少牢",比特牲三鼎又加一等。更设馔于东方,有四豆、四笾、醴酒。还要陈明器。而后将五鼎抬入庭中,置于重东北,灭燎,宾入拜祭。

重出。重和茵、苞、明器,车依次序出庙门。

读赗、读遣。主人史读赗,将收到的助丧之物清单宣读一遍。君派来的公史读遣,遣是随葬入圹之物,也列出清单宣读一遍。此间主人、主妇和母先后哭，而后灭烛出殡。

柩车发行。车前和两边执大功之粗布者引柩，孝子袒行，其余人按亲疏排列，男宾在前女宾在后，至城门处君又派人赠玄纁束帛，即币帛，用以送终。

下车。到了墓地，明器陈放在两边，衬棺的细席茵先下，而后空柩下棺，藏明器和苞，筲于旁，孝子哭踊，稽颡拜宾。再加析，覆抗席，加抗木，实土三遍。析是形似床而无足的葬具，以承抗席，抗席和抗木的宽窄大小要能掩盖圹口墓穴，以御尘、土。这应是在开耳室前用的一种葬法。此时孝子拜乡人，感谢在道助执绋和在圹助下棺及实土的辛苦。

反哭。葬毕，反哭于祖庙和殡宫，拜送众宾和兄弟。

葬后，孝子倚庐居丧，寝苫枕块。苫，是藁草编的垫子，块是土块。要朝夕哭，"非丧事不言，歠粥，朝一溢米，夕一溢米，不食菜果"（《仪记·既夕礼》）。1溢米是一升的1/24，按1升为200毫升折算，1溢米不足2两，早晚2餐不过4两粮，又不食菜果，居丧期间势必饿成皮包骨头，非如此不足以表达哀思。

葬法

夏代流行土葬，墓葬形制一般为长方形的竖穴土坑墓，长2米左右，宽约1米。目前发现最大的长方形竖穴土坑墓为二里头遗址的K3，墓坑南北长2.3米，东西宽1.26米，深1.26米；墓坑中还挖有棺室，南北长1.7米，东西宽0.74米，深1.44米。

在这一时期，木棺一般仅限于奴隶主使用，而平民死后都是用土坯垒于尸体四周作葬具的。如《礼记·檀弓上》曰："夏后氏墍周。"所谓"墍周"，即烧土为砖附于棺的四周，故古人又名"土周""土棺"。《淮南子·氾论训》云："有虞氏用瓦棺，夏后氏墍周，殷人用椁……此葬之不同者也。"汉代高诱注："夏后氏禹世无棺椁，以瓦广二尺，长约1.3米，侧身累之以蔽土，曰墍周。"

传统的朱砂铺底习俗在这一时期仍很盛行。如二里头夏文化遗址中的K3，其棺室底部就铺有一层5~6厘米厚的朱砂。而在同地发现的另一座墓，也在坑底的中部铺有一层1.5~5厘米厚的朱砂。在朱砂层下面有席纹，可知

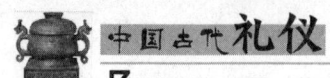

朱砂是铺在席子上面的。

葬式基本上是单人葬，个别的为双人合葬，以仰身直肢葬最为流行。

1. 明器制度

明器这一意识形态高度发展的产物，在新石器时代晚期已经形成为一种比较成熟的丧葬制度。到夏代，明器制度又有了进一步的发展，这反映在明器组合的健全和酒器在明器中的显著地位上。

《礼记·檀弓上》曰："仲宪言于曾子曰：'夏后氏用明器，示民无知也。殷人用祭器，示民有知也。周人兼用之，示民疑也。'曾子曰：'其不然乎！其不然乎！夫明器，鬼器也；祭器，人器也。夫古之人胡为而死其亲乎！'"从仲宪与曾子的谈话中，我们可以看出明器在夏代已被正式确立为死者阴间享用的随葬品。

明器在夏代已形成系列组合。以二里头文化墓葬为例，在郑州上街、洛达庙、洛阳东干沟、东马沟、偃师二里头以及晋南东下冯等夏文化墓葬遗址中，出土有鼎、豆、觚、爵、鬻、盘、罐、盆等陶器，而主要以罐、爵、盉为组合。

爵、觚、盉等酒器在夏代随葬品中占有重要地位。它们多被奴隶主用作礼器随葬，如《说文·鬯部》曰："爵，礼器也，象爵之形，中有鬯酒。又，持之也，所以饮器象爵者，取其鸣节节足足也。"

玉制礼器已被广泛用于随葬明器。如"戈"本是一种常用的武器，但二里头夏文化墓葬遗址中出土的玉戈显然不是用来作战，而是作为礼器使用，是奴隶主贵族专为随葬而制作的器物。同样，"铲"本来也是一种生产工具，而二里头夏文化遗址中出土的玉铲显然是作为礼器使用的。奴隶主贵族随葬这些玉制的明器，无疑是为了显示自己的社会地位和政治威严。

殷商时期的墓地制度是族葬。所谓族葬，就是具有血缘关系的同一族人合葬在一起。他们生前聚族而居，死后也聚族而葬。《周礼·地官司徒》所说的"以本俗六安万民……二曰族坟墓"，"四闾为族，使之期葬"，便指这种族葬。它是在我国原始社会氏族制度的基础上进一步发展而成的。虽然，这两种墓地都以血缘关系的存在为基础，但昭示了不同的社会内涵。"原始社会氏族墓地体现的是平等的人际关系，而商周时代族葬墓地把人们生前统治与

玉铲

被统治的阶级关系也带入了阴间世界。"

商代的族葬墓地依《周礼》所载，大约可分为"公墓"和"邦墓"两类。

2. 从异穴到并穴的夫妻合葬

汉代以前，文献上虽有关于夫妇合葬的记载，但在考古发掘中迄今极少发现有同墓合葬的现象。从考古发掘资料来看，汉代以前的夫妇合葬，一般是夫妇分别葬于两个并排紧靠的墓坑中，可称为"异穴合葬"。直到西汉前期和中期，夫妇合葬仍然多采用这种方式，长沙马王堆和满城汉墓即如此。西汉中期以后，夫妇合葬制度为之一变，逐渐流行夫妇同墓合葬。至东汉，遂成为定制，绝少例外。而横穴的、砖石结构的墓室，更为夫妇同墓合葬提供了极大的方便。

潜埋虚葬，简称虚葬，一曰伪葬，是十六国北朝时期在上层统治者中间流行的一种特殊葬式：墓主的尸体潜埋他所，同时备礼仪文物虚葬之。

说起潜埋虚葬，大家首先就会想起曹操设七十二疑冢的传说故事。元代陶宗仪《辍耕录》卷二十六《疑冢》曰："曹操疑冢七十二,在漳河上。"马端临《文献通考·王礼考·山陵》按语亦曰："世传曹公疑冢七十有余,其防患至矣。"所谓疑冢,即虚葬墓。1957年,文物考古工作者曾对河北磁县的曹操七十二疑冢做过调查。调查说:"据县志记载,为三国时曹操置之,民国以来经人盗掘,方知这些土冢大部分为北齐、北魏王公要人之墓。但这些记载是否与事实相符,目前尚难知道,只有待以后的发掘来证实。"在调查中发现,其中一冢之前尚存较完整的石碑,推知是北齐忠武王高肃墓。由此看来,曹操设疑冢之说很可能是宋元人的不经之谈,值得怀疑。

我国历史上有确切文献记载的最早一次潜虚埋葬,发生在西晋愍帝建兴元年(公元313年)。据《晋书·石勒载记上》记载,是年石勒母亲王氏去世,石勒将她"潜窆山谷,莫详其所。既而备九命之礼,虚葬于襄国城南"。后赵建平四年(公元333年)石勒死,也行此法:"夜瘗山谷,莫知其所,备文物虚葬,号高平陵。"《太平寰宇记》引《郡国志》曰:"勒尸别在渠山葬之。夜为十余棺分道出埋,以惑百姓。"石虎死后同样"伪葬","自别于深山"埋之。由此可见,潜虚埋葬仍是石赵诸王及王室丧制的成规。

此外,南燕及拓拔魏早期亦流行这种葬式。南燕建平六年(公元405年),慕容德死,"为十余棺,夜分出四门,潜瘗山谷,莫知其尸所在,虚葬于东阳陵"。《宋书·索虏传》说:"死则潜埋,无坟垄处所。至于葬送,皆虚设棺柩,立冢,生时车马器用皆烧之,以送亡者。"《资治通鉴》卷一六〇载梁武帝太清元年(公元547年)八月甲申:"虚葬齐献武王于漳水之西;潜凿成安鼓山石窟佛寺之旁为穴,纳其柩而塞之,杀其群匠。及齐之亡也,一匠之子知之,发石取金而逃。"

根据上述记载,我们可以推测,十六国北朝时期,在各族上层统治集团中曾普遍实行潜虚埋葬这一特殊葬俗。

潜虚埋葬的本意就是为了保守秘密。其流行的原因,据曹永年先生研究,与当时社会动荡不定的状况有关,是为了避免死者身后坟墓被人盗发。

招魂葬是魏晋南北朝时期流行的葬俗之一,时称招魂虚葬或招葬,是一种墓中不放尸体的葬式。

魏晋南北朝时期,社会动荡不定,战争连年不断,因此人民或死于乱兵,骸骨无存；或父子异邦，生死未卜。于是，招魂虚葬便在民间广泛地流行开来。《晋书·慕容携载记》云，携迁都于邺，赦其境内，缮修宫殿，复建铜雀台。为此，廷尉监常炜上言："自顷中州丧乱，连兵积年，或遇顷城之败，覆军之祸，坑师沈卒，往往而然，孤孙茕子，十室而九。兼三方岳峙，父子异邦，存亡吉凶，杳成天外。或便假一时，或依赢博之制，孝子縻身无补，顺孙心丧靡及，虽招魂虚葬以叙罔极之情，又礼无招葬之文，令不此载。若斯之流，抱琳琅而无申，怀英才而不齿，诚可痛也。"常炜之言反映了北方招魂葬流行的情况和原因。

南方亦不乏招魂虚葬之人，如《晋书·东海王越传》载：永嘉五年（公元311年），西晋东海王司马越死于项，其棺柩为石勒所焚。越妃裴氏"太兴中，得渡江，欲招魂葬越"。东晋元帝诏有司详议。博士傅纯曰："圣人制礼，以事缘情。设冢椁以藏形，而事之以凶；立庙祧以安神，而奉之以吉。送形而往，迎精而还。此墓庙之大分，形神之异制也。至于室庙寝庙祊祭非一处，所以广求神之道，而独不祭于墓，明非神之所处也。今乱形神之别，错庙墓之宜，违礼制义，莫大于此。"于是元帝下诏不许。但裴妃并不奉诏，葬越于广陵。《晋书·五行志》云："孝武晏驾，而天下骚动，刑戮无数，多丧其元。至于大敛，皆刻木及腊，或缚菰草为头。"当时，代北（战国时郡地）之俗流行兵死者不入墓域。仁寿元年，隋文帝为之下诏，谓其"亏孝子之意，伤人臣之心。"又曰："入庙祭祀，并不废阙，何至坟茔，独在其外？自今已后，战亡之役，宜入墓域。"为此，吕思勉先生在《两晋南北朝史》第二十一章《晋南朝人民生活》中写道："禁兵死不入墓域，盖先人之灵，恒栖丘垅，恶见子孙之伤残，与汉人受刑者不上丘墓，张猛不欲其头过华阴历先人之墓同，亦重视形魄之见也。"

归葬，就是将客死异乡的尸骸迁回家乡葬埋。这一习俗盛行于魏晋南北朝时期。《魏书·赵琰传》载："赵琰，天水人。初为兖州司马，转团城镇副将。还京，为淮南王他府长史。时禁制甚严，不听越关葬于旧兆。琰积三十余年，不得葬二亲。及蒸尝拜献，未曾不婴慕卒事。每于时节，不

古代陵墓

105

受子孙庆贺。年余耳顺，而孝思弥笃。慨岁月推移，迁窆无期，乃绝盐粟，断诸滋味，食麦而已。年八十卒。还都洛阳，子应等乃还乡葬焉。"《北史·崔承宗传》载："其父于宋世仕汉中，母丧因殡彼。后青、徐归魏，遂为隔绝。承宗性至孝，万里投险，偷路负丧还京师。"《北史·张谠传》载：张谠死，"子敬伯求致父丧出葬冀州清河旧墓，久不被许，停柩在家积五六年"。后父丧得葬旧墓，乃还属清河。

知识链接

古代的渴葬

渴葬即未到葬期而提前埋葬，也称槀葬。《公羊传》隐公三年曰："不及时而日，渴葬也。"注："渴，喻急也。"《释名·释丧制》说："日月未满而葬曰渴。言渴欲速葬，无恩也。"渴葬在南北朝时期颇为流行，《南史》卷六〇《徐勉传》载："时人间丧事多不遵礼，朝终夕殡，相尚以速。勉上疏曰：'《礼记·问丧》云：三日而后敛者，以俟其生也。三日而不生，亦不生矣。顷来不遵斯制，送终之礼，殡以期日，润屋豪家，乃或半晷。衣衾棺椁，以速为荣。亲戚徒隶，各念休反。故属纩才毕，灰钉已具。忘狐鼠之顾步，愧燕雀之徊翔，伤情灭理，莫此为大。且人子承袭之时，志遽心绝，丧事所资，悉关他手。爱憎深浅，事属难原。如觇视或爽，存没违滥，使万有其一，怨酷已多，岂若缓其告敛之辰，申其望生之冀。请自今士庶宜悉依古，三日大敛。如其不奉，加以纠绳。'诏可其奏。"

第四章

形象重于泰山——个人礼仪

礼仪可以说是一个人内在修养和素质的外在表现。从交际的角度来看,礼仪可以说是人际交往中适用的一种艺术、一种交际方式或交际方法,是人际交往中约定俗成的示人以尊重、友好的习惯做法。从传播的角度来看,礼仪可以说是在人际交往中进行相互沟通的技巧。

第一节
言行礼仪

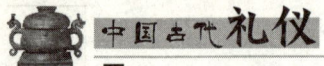

仪态庄重

　　一个人的德性教养，从包括坐立行走、举手投足在内的仪态举止中就能体现出。中国历来十分重视人的仪态举止。

　　一般而言，古人认为君子仪态贵庄重。孔子说："君子不重则不威，学则不固。"这是因为，只有庄重才会有威仪，有威仪然后才有敬。因此说："临之以庄则敬，庄敬则严威。"《礼记》曰："致礼以致躬则庄敬，庄敬则严威。""外貌斯须不庄不敬，而慢易之心入之矣。"所以，人应当与人忠、执事敬、居处恭，平时生活容貌仪态端正庄严。然而，要人庄重严肃并不是令人望而生畏，而是严肃不失温和，威严不令人可怕，庄敬而又安详。《论语·为政》篇就是这样描述圣贤孔子的："子温而厉，威而不猛，恭而安。"《子路》篇也谈到："君子有三变，望之俨然，即之也温，听其言也厉。"

　　具体而言，古人主张坐立行走举手投足都得有式有度，"站如松，坐如钟，行如风，卧如弓"。怎么才能做到这一点？这需要"心时时严正，身时时整肃，足步步规矩，念时时平安，声气时时和蔼，喜怒时时中节"。如此时时习礼，则会面容厉肃，视容清明，立容如山，充分体现出一个人的浩然正气。

　　站首先要有站相。《礼记·曲礼上》规定："立必正方，不倾（姿态歪斜）听。"《幼仪杂箴》等蒙学读本也训导幼童：足要并立齐正如植，延颈引领，手恭垂自然。其中也敬，其外也直。不东摇西晃，进退有式。这样一来，将来会有圣贤之立相。站立时颈项向上伸展，双臂自然下垂或放于身体前后。

第四章　形象重于泰山——个人礼仪

古人要求人站姿挺拔笔直，舒展俊美，而如果站立时探脖，塌腰耸肩，歪斜，就会让人觉得他不注重仪态。

坐与站一样也必须有相。古人要求："坐如尸，立如齐。""尸"是古代祭祀时端坐代为受祭的人，"齐"指祭祀之时庄正有仪。要求人坐时要如祭祀时恭敬严正。"坐，背直，貌端庄……仰为骄，俯为戚。毋箕以踞，攲（不正）以侧。坚若山，乃恒德。""箕踞"就是指端坐的时候臀部着地，像畚箕一般两腿分开而坐。

古人坐姿和现代不同，那时没有椅凳，常"席地而坐"，双膝着地，跪坐在脚上，但如果"箕踞"而坐，则是一种轻视对方、傲慢无礼的举动。战国时，荆轲行刺秦王的目的没能达成，便靠着柱子大笑，"箕踞以骂"，采取的正是这种坐相，以表示对秦王的鄙视。

立容

除了不能箕踞而坐，坐时还不可"交胫摇足"，双腿交叠或晃腿摇足都被认为是缺乏教养的不雅坐相。在严肃重要的场合下，特别是在朝廷官府中，古人大都会正襟危坐，端然不动，用以体现出自身高超的修养。日常生活中，虽可以身体稍前稍后，但也不应违庄严沉静之相。古人的坐相是从孩童时就受训而成的。《训蒙辑要》这样规训幼童：坐必端止，齐脚定身，偃仰欹斜，都非坐形。勿伏几席，勿横两臂，敛手静心，正念所事。坐必安，执必颜。目无旁视，身无动摇，平常无事时，坐必如尸。

古人不仅重视坐相，而且重视走相。"矩步引颈，俯仰朝庙，束带矜庄，徘徊瞻眺。"这就是说，走路要合规矩，抬头挺胸，挺拔引颈，或俯或仰，要如同在朝庙中一样庄重。穿着齐整，行走目视前方。《礼记》说："行容惕，庙中齐，朝廷济济翔翔。君子之容舒迟，见所尊者齐邀。"大意为，走路要身体挺直，步伐稳健。步态在庙中祭祀时则要显恭正，在朝廷上要庄重安舒，快步而行，君子步态应看上去舒雅从容，见了尊者则要显得恭敬谨慎。

有关睡相，古人认为睡觉时四仰八叉是非常不雅观的睡相，主张侧卧如

109

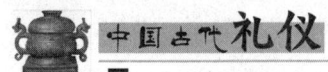

弓为好。这种姿态一方面雅观，同时也符合身体休息的科学。当然在睡相上，由于是私下场合，古人对此并不十分苛求。

坐立行走

坐、立、行走、躺卧等日常生活中的小事，在中国古代也极受人们的重视。古人们不仅从卫生、保健的角度，提出坐立行卧的正确、科学的姿势，"坐如钟，立如松，行如风，卧如弓"；还把它作为一种社会交往时的礼节，成为一种社会公德。

走亲访友，须入他人屋室。但古人的生活习俗与今天大不相同，所以礼节也不一样，如"入席"的概念，古今的差异很大。古人居室虽有几、案、榻等家具，但在椅子没有出现之前，人们通常是"席地而坐"。室内的地上铺有草编的席（蓆），室内的活动就在上面进行，特别是坐和卧，都离不开席。"筵"也是一种坐具，用竹编织而成，它铺在"席"的下面，"凡敷席之法，初在地者一重即谓之筵，重在上者即谓之席"（《周礼·春官·司几筵》）。筵、席合用，其实是说地上铺的二重席，只不过后来专指酒席而言了。席是坐具，当然不能踩脏，所以古人是不穿着鞋在席上行走的，进屋之前必须先脱去屦（草、麻等制作成的鞋）、履、屐（木制成的鞋）、鞮（皮革制成的鞋）等，然后才能入室上席，也就是"入席"。春秋时期，楚国军队在邲（今河南荥阳北）大败晋军后，楚庄王称霸中原，不可一世。他派申舟为使臣，入聘于齐。自楚国到齐国，中间要经过宋国，按照礼仪制度的规定，"过邦假道"（《仪礼·聘礼》），过他国境土必须要"借路"，可是楚庄王却让申舟不要向宋国提出"假道"的请求，径直过境。这种不守礼法的做法立刻引起宋人的不满和愤恨。申舟途经宋境，被宋人截住，认为这是对宋国的挑衅和污辱，而将申舟处死。消息传到楚国，庄王勃然大怒，甩袖而起，竟没有穿鞋便走了出去。侍从见状忙提着庄王的鞋追赶，直到前庭才追上他。可见楚庄王"入席"之前，也是要脱掉鞋的。古人不仅"入席"不穿鞋，连袜子也不能穿，只能跣（赤脚）足。春秋时，有一次，卫侯（卫国国君）与大夫们饮酒，褚师声子只脱去了鞋，却没有脱袜，就进入席中。卫侯一见，大怒。褚师声子连忙解释，说自己患有脚病，不便脱袜，否则他人见到了会恶心呕吐的。卫侯依然十分生气，大夫们都纷纷解释劝说，卫侯仍认为这是绝对不许可的。直到褚师声子无奈，退席出外，卫侯还叉手骂道："必断其足。"在古代，入室跣足一直被认为是对主人极有礼貌的一种举动。随着椅子等家具的出现，人们才逐渐改变了这一礼节。所以，《礼记·曲礼》中有这样的规定："侍坐于长者，屦不上于堂。"

古人入席之后，对"坐"的姿式也十分讲究，即跪地，两膝着地，臀部落在脚跟上。若两膝着地，臀不沾脚跟，身体挺直，则为跪。如跪而挺身，挺腰，又称为跽（长跪）。如变坐为跽或变跪为跽，则含有起身告辞之意。在正式场合，尤其是朝廷、官府中，人们很注意坐的姿势与周围环境协调一致，即所谓"坐有坐相"。如处于庄重严肃的环境下，则正襟危坐（整理好衣襟，端坐不动）；如是比较随和的场所，人们坐的时候，身体可稍稍向后坐；遇宴饮时，则尽量把身体往前挪，以利进食方便。

古人既重坐相，也重走相（走路时的姿势）。"趋"是快步行走，这在古代是对尊者、长者、贵者、宾客及行朝拜礼时表示敬意的一种走相。孔子有一次受鲁国国君之召接待外宾，领命之后，他神色庄重，拱手弯腰，"趋进，翼如也"。不仅快步行走，且其姿势如同张翅的飞鸟。《触龙说赵太后》中记述了发生在春秋后期的一个故事。赵国的太后刚刚执政，就遇到秦国的猛烈进攻，只得向齐国求援。但齐国提出要以赵太后的小儿子长安君作为人质入居齐国，才能出兵救援。赵太后十分疼爱长安君，不愿让他去齐国，没有答应这个条件。大臣们纷纷劝说，都遭到赵太后的断然拒绝。她甚至公开扬言："有谁再和我提起让长安君做人质的事情，我老太婆一定要吐他一脸唾沫。"左师（官名）触龙决定去说服赵太后，由于他脚有病，走路不便，为了不失礼节，他只得做出快走的样子，却慢慢地向前挪动脚步。见到赵太后，他首先谢罪说："我因为脚有毛病，所以不能快些走，很久也没有见您了。"后来，经过触龙的再三劝说，终于说服了赵太后，派长安君到齐国做人质，齐国才派军队前来救赵。故事中，触龙见赵太后的"徐趋"，正是他在不能"趋"的情况下，竭力做出有礼貌的样子。

古人对走相很讲究，甚至从姿势、速度等方面对行走进行了分类。据《释名》记有四种走相：两足进曰行，徐行曰步，疾行曰趋，疾趋曰走。不同的场合采用不同的走相，才符合礼貌的要求。《尔雅》指出："室中谓之时，堂上谓之行，堂下谓之步，门外谓之趋，中庭谓之走，大路谓之奔。"意思是说，在室内应类似徘徊式的走动；在堂（比室大的房子）上走动时，步子应

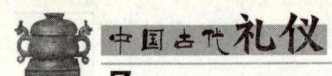

小一些；到了堂下，就能迈得步子大一些了；到了门外，就可以快走了；在宫廷里，地方开阔可以跑；而上了路，速度更可以加快到奔跑。尽管古人视"趋"为"重礼"，但也不是到处都可以"趋"的。如《礼记·曲礼上》就提到，"室中不翔"，"翔"与前面提到的孔子受命接待外宾时的动作差不多，可在室内如果还像张翅的飞鸟那样快步行走，就有可能到处碰壁了。

言辞谈吐

语言是人们日常生活中最主要的交往工具。言辞文明是中华礼仪文化的重要组成部分。古人说："言为心声，语为人镜。"语言同人的仪表仪态一样，也是内心德行的显现。

对于言辞之美，《礼记》中写道："言语之美，穆穆皇皇。"即语言之美在于谦恭、和气、文雅。而有德之人在交往中，"不失足于人，不失色于人，不失言于人"。《诗经》中说："辞之辑矣，民之洽矣。辞之怿矣，民之莫矣。"是说辞令的重要性。辞令彬彬，人民就团结；辞令动听，人民就安定。可见语言在古人心目中的地位。

基于言辞的重要，古代思想家在这方面做了许多论述。传统的言辞谈吐之礼中，蕴涵着一种对己对人的高度负责与尊重，值得我们借鉴和继承。但其中也有一定的明哲保身的消极因素，这是时代局限性所造成的。

言贵诚实，因此言谈诚实守信就成为言辞礼仪的首要一条。语言"丁一确二"，一句为一句，关系一个人的"立诚"。《易经》说："修辞立其诚，所以居业也。"讲立诚是立业的根基。

语言诚实还显示着一个人的真诚品德。巧言令色是小人的品性，而说谎欺骗是君子所不容的。古时有位以直言参政而闻名的鲁宗道，一次他穿上百姓服装私去酒馆饮酒，逢宋真宗急诏，使者很久才找到他。使者劝他另找理由，以免皇上怪罪，鲁宗道却如实上告。真宗最终因他诚实无欺而免其迟到之罪。可见在古人眼中言语诚实的重要性。

言谈还贵在守信。对别人许下诺言必须兑现，这样才可能赢得别人的信任。"言必信，行必果"，这是古人对君子的基本要求。君子应当言行一致，但许多人言论和行为不一定一致。孔子说："始吾与人也，听其言而信其行。今吾于人也，听其言而观其行。"正因为此，古人轻易不出言，唯恐许诺后做不到。孔子因此说："古者言之不出，耻躬（实行）之不逮（达不到）也。"还说："君子欲讷于言而敏于行。"古人一再说："凡与人言，即当思其事之可否，可则诺，不可则不诺。若不思可否而轻诺之，事或不可行，则必不能践言矣。"因此，"一言不可以轻许人"。轻于言者，必不务于行。"言语所以文身也，轻出则有起事之患。"

古人往往由一个人的言语是否诚实可信而判断其内在品性为人，这几乎成了一个鉴定人的标准："轻于言者，必不务力于行也。轻言轻动这人不可与探讨（商讨大事）。"朱熹也曾说，"无耻的人，未曾做得一分便说十分矣，只得胡乱轻易说了，便把行不当事"，"人轻易言语是他此心不在"。意志不坚定的人，说话就华而不实，不守道德的人，行为就很虚伪。这即所谓神越者，其言华，德荡者，其行伪。言不妄发，人家才会相信你，这是对他人负责也是对自己负责，是重人而又自重，是君子必具之德。

言辞得体、慎言、谨言、戒多言，也是传统义化中一贯的思想，在这方面形成的格言、警言、箴言、成语多个胜数。

古人重慎言，一方面是因为言必有信有果，估计能做到才可出言，这是出于对他人、国家的负责精神。另一方面，则是由于人们往往通过听其言观其行而评判一个人是否是君子，出于对自己负责也不可轻易出言。再则，是基于"言多必失""祸从口出"的经验教训。这里就有一点明哲保身的味道了。

对于谨慎言辞，古人用"一言兴邦，一言丧邦"来说明言语对他人、对社会的重要。古人还把"口"比作关卡，把"舌"比作兵器："口者关也，舌者机也，出言不当，驷马不能追也。口者关也，舌者兵也，出言不当，反自伤也。"言犹射箭，箭既离弦，"虽有所悔焉，不可从而追之"。这是要人说话慎重，不要轻言妄语。

说话谨慎合理还意味着注意身份，不失"分寸"。徐干说："君子必贵其言。贵其言则尊其身，尊其身则重其道，重其道所以立其教。言费则身贱，身贱则道轻，道轻则教废。故君子非其人则弗与之言，若与之言，必以其方。"在这里，言谈、尊严以及德性教养被联系在了一起。

此外，人在说话时，还要明白自己的身份及场合，在不同的场合，对不同的人，应说恰如其分的话。"言未及之而言，谓之躁；言及之而不言，谓之隐；未见颜色而言，谓之瞽。"不该说时急于言说，是急躁；该说又不开口，就是隐瞒了；不看别人脸色一味说，就如同瞎眼之人了。

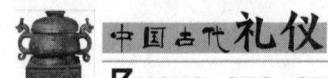

孔子还说："可与言之而不与言之，失人；不可与言而与之言，失言。"所以，当默而默，当语而语，这应视具体情况而定。《仪礼》在谈到言谈之礼时说："与大人言，言事君。与老人言，言使弟子。与幼者言，言孝悌父兄。与众言，言忠信慈祥。与居官者言，言忠信。"

对于今天的我们来说，说话也应分场合、对象，如果在秃发人面前大谈头发之美，在跛子面前对于跳舞谈兴勃勃，都是不适宜的。如果不分场合、对象一味自顾自谈，人就会厌其言、烦其人。《诗经·大雅》中"诲尔谆谆，听我藐藐"，说者不厌其烦，听的人却无心倾听，说的就是类似情景。总之，言语适当得体，"非教养之有素者不能也"。

出言谨慎合理还要求言语的文明有礼。古人要求"言语必谨臻详审，重然诺，肃声气。毋轻，毋诞，毋戏谑喧哗。毋及乡里人物长短，及市井鄙俚无益之谈"。在《训蒙辑要》等蒙学读物中，也是这样教导幼童少年的：刻薄语，秽污词，市井气，切戒之；诸生一言一动，俱要端分，不许学市井下流事，亦不许说市井下流话。

言谈礼仪还要求人们善称人所长而不责人之短。古人说："君子不责人所不及，不强人所不能，不苦人所不好。""誉人而人亦誉之，则是自誉也；毁人而人亦毁之，则是自毁也。"出言不善不仅伤及他人，而且也会伤及自己。

热情好客

好客，也体现了中华民族的美德和风尚。孔子曾说："有朋自远方来，不亦乐乎。"（《论语·学而》）所谓好客，即不仅要对待客人有礼貌，还要让客人有宾至如归的体验。所以，好客的最佳举止体现在热情、坦诚、和谐、友好等优良品德上。

古人对人与人之间的交际礼节尤其重视，"来而不往非礼也"，既有来访，必有回访，这才称得上有礼节。遇有宾朋来客，首先迎于门外，施礼，互致问候，再共入堂室，这是古人常用的见面礼。入席之后，在安排座次上，颇有讲究。如在室内会客，则以面朝东的座位为尊；如果在堂中会客，又以面朝南的座次为尊。来客当然要被请于尊位落座。刘邦赴鸿门，其座次被安排于南侧面北，而项羽与叔父项伯坐于西侧面东，这是项羽自认为是西楚霸王，位尊于刘邦而这样安排的。通常来说，室内的座次尊卑顺序为东向（面朝东)、南向、北向、西向；堂内则为南向、西向、东向、北向。所以皇帝总是以坐北朝南的方位坐在殿堂之上，喻意位于群臣、百姓之上。所谓文左武右，即文官侍立于帝王左侧，武将侍立于右侧，也就是文东武西。这是因为帝王们认为，以武打天下，以文治天下，政权建立后，自然以"文治"为重，因而就出现了文官位于武将之上的排次。不过中国历史上一些民族也以右为尊，如蒙古以右为尊，这样殿堂上的排次就要以东向尊于西向了。在日常生活中，主人将宾客安排在尊贵的位置上，也体现出主人对客人的敬意。

清制铜投壶

谈话之中，古人也极注重礼节，除恰如其分地使用言辞之外，还要注意仪表的庄重，不允许有轻浮、放荡的举止。即使是笑，以不露齿的微笑为宜。"凡人大笑则露齿本，中笑则露齿，微笑则不见齿。"（《礼记·檀弓上·疏》）若大笑露齿，久笑牙齿便感到冷，所以古人以"齿冷"讥讽那些贻笑他人者。

宾朋好友来访，欢聚一堂，经常要设宴款待。席间，宾主不仅相互敬酒，畅叙友情，主人还要用"投壶"助酒兴。这种形式，不仅体现出主人的盛情款待，还让席间的气氛更为轻松愉快。此外，还能让客人饮酒尽兴。"对酒设乐，必雅歌投壶。"（《后汉书·祭遵传》）投壶实际是一种游戏，不过古人也将它作为宴会上的一种礼仪，并编录在《礼记·投壶》之中。宴会进行之中，主人拿出矢（又称棘，一头尖如刺），盛情邀请宾朋们："某有枉矢（意指箭杆弯曲之矢）、哨壶（口歪之壶），请以乐宾。"客人们则答谢道："子有旨酒（美酒）、嘉肴（即佳肴），某既赐矣，又重以乐，敢辞。"主人如此邀请三次，客人则推辞再三，盛情难却之下只好双手将矢接过。然而较主人尊者可将矢放在席上，取一支投一支，位卑者就必须将矢抱在怀里。投壶一次，每人发四矢。不同场合下投壶所用的矢有形制上的区别，室内矢长约67厘米，堂内矢长约93厘米，庭院内矢长120厘米。所投的壶即放于酒席之中的酒壶，壶口较小，壶颈较长。大家轮流把自己的矢投向壶口，以投进壶中的矢数量最多的人取胜。投壶通常要由大家选定一位裁判——司射，由他负责确

115

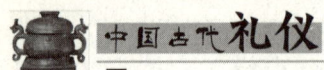

定壶放置的位置，通常放在距座席南边二矢半的地方。投壶开始后，司射便用"算"（古代使用的一种计数用的筹码）来计算每个人投中的数目。每投中一矢，司射便在投中者面前放上一算。大家轮流执一矢投壶，待四矢全部投完后，由司射根据得算多少确立胜者。而后再每人发四矢进行第二轮投壶。三轮过后，以二胜或三胜者为最终的优胜者，输者便要受罚饮酒。当然，在宾客进行投壶时，必须按照一样的秩序掷矢，如果有人抢先掷矢，那么司射就将之视作无效。由于投壶十分有趣，既使宾主尽欢，又活跃了宴席的气氛，所以很受人们的欢迎，至唐代仍十分流行。

　　古人设宴时，也会为了助兴取乐而采用行酒令的游戏方式。宾主共推选一人为令官，其他人都要听令行事，或依令做游戏，或作诗作词，违者或诗词不佳者，就要受罚饮酒。这一宴席上的礼节自唐朝以后极为流行，尤其在文人中间常行此礼。被推选的酒令官必须先饮酒以示受命行令。《红楼梦》第四十回《史太君两宴大观园，金鸳鸯三宣牙牌令》中讲到贾母、刘姥姥、史湘云等众人在大观园宴饮时，贾母先笑道："咱们先吃两杯，今日也行一令才有意思。"于是王熙凤便推举鸳鸯行酒令。鸳鸯半推半就，谢了后，便坐下，也吃了一盅酒，笑道："酒令大如军令，不论尊卑，惟我是主。违了我的话，是要受罚的。"随后她便用"骨牌副儿"（用二或三张骨牌上的色点配成一套，称一副）作韵，令大家用诗词歌赋、成语俗话合韵。因为有行酒令，所以宴饮中多无高下卑尊之分，气氛活跃、融洽，宾朋也不会有作为客人的拘束感受。

知识链接

古代的名片

　　在我国，名片至少已有2000多年的历史。名片最初叫"谒"。秦时有个叫郦食其的人，刘邦起兵，他到军门求见，把"谒"交给接待人员去通报。

后来听说刘邦因为他是儒人，不肯见，气得按住剑柄，瞪着眼大声叱喝："哇！再去讲，我是高阳酒徒，不是什么'儒人'！"接待人员吓得将手里的"谒"掉在地上，跪下拾起来再去通报。汉高祖用石奋为中涓，职务就是收受"书"（函件）和"谒"。西汉时还没有纸，"谒"是将姓名刺在削成的木简或竹简上，所以又叫做"刺"。后来逐渐改用纸，称"名纸""名帖"，同时也保留了"刺"的名称。东汉名将皇甫规罢官家居，有个做过雁门太守的同乡通刺拜访。皇甫规因为他的官是拿钱买来的，看不起他，便不以礼相待，一边用他的"刺"刮着大腿，一边问："你以前在雁门待过，雁好吃吗？"可见这"刺"仍是竹木所制。京剧《击鼓骂曹》里的那位名士祢衡，略后于皇甫规，他初到当时的国都许城，身上揣着一张"刺"。但他生性刚直狂傲，目中没有可以交往的人，以致时间一久，"刺"上的字都磨得模糊不能辨识。这可能已经是纸"刺"。有些除姓名外，还写上官衔和籍贯，称作"爵里刺"。从内容上看，已和今天的名片差不多了。

跪拜作揖

跪拜是汉族"拜"礼的核心、基础，后来的"九拜"即在此基础上演化而成。甲骨卜辞中有此字，像一个人两手着簟之形，亦即像一个人的双手向下至地之形。"跪而蔽席"或"拂席"的动作就是拜。一个人两手向下至地即是拜的雏形。

在古典籍上，详言为拜手，省言为拜。又，《荀子·大略》："平衡曰拜，下衡曰稽首，至地曰稽颡。""平衡曰拜"，即拜时两手向下至地，头不高不低，且头的纵轴线与（簟席）面平行。"下衡"无疑是指把头放低，唯不至地而已——此即"下衡曰稽首"，亦即稽首之礼。"至地曰稽颡"，就是额头触至地，则为稽颡，亦即"顿首"之礼。

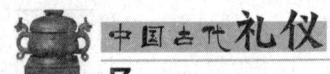

我国古代的礼节规定，乃约定俗成，大抵曾经历过由简而繁、由陋而备的过程。最初的拜只是两手至地，后来才与稽首、稽颡、空首连在一起，讲究也多了起来。肃拜只是两手至地，没有头部的动作，这点与最初的拜是完全相同的，可证古有此礼。

《尚书·舜典》有"禹拜稽首"和"垂拜稽首"的记载。《史记·周本纪》记武王伐纣至商国时，"商人皆再拜，稽首，武王亦答拜"，说明拜稽首之礼夏、商、周即行之。而西周时行此礼，把"手至地"（拜或拜手）与"首至地"（稽首）连在一起，在金文中尤为司空见惯，大概单纯的拜（肃拜）已经退到次位。此时拜的名目渐多（九拜）。随着周秦之际社会动荡，"礼坏乐崩"，拜与稽首不分，又渐与顿首混同，拜之本义便晦而不明。汉代注经之风大盛，但拜字在汉代大师们所注经典中找不到什么注解，而只见对拜手有注解。这说明，汉代拜之为常礼，是当时人所熟悉的，而"拜手"与"拜"此时已有所不同。因为拜习没有注解，后来反而就弄不明白了。正因为这样，后人误信汉代经师注解，以为拜就是稽首，或者竟如小说家所描写的"纳头便拜"。

中国古代的拜礼极为普遍，是常礼，而且源远流长。《书·舜典》的"禹拜稽首"，孟子说的"禹闻善言则拜"，都表明起码自舜时拜礼即已施行。卜辞中所见的殷代礼仪种，则表明商族的文明高于周围的方国部族；拜——交际礼仪也是衡量文明的标志之一，商族建立其统治，怀柔远近方国，包括"拜"在内的礼的作用是不可低估的。

古代的九拜

稽首："九拜"中最隆重的礼节。《书·舜典》："禹拜稽首。""稽首拜，头至地也。""稽首，头至地多时⋯⋯拜中最重。臣拜君之拜。"如上所述，"稽首"之礼原先是头不至地，可能是自周代始才"头至地"。行此礼时，拜者必须屈膝跪地，左手按右手拱手至地，手在膝前，然后头伏在手前边（有说后边）地上停留一段时间。稽首属于最隆重的吉礼，臣拜君、子拜父、学生拜老师以及拜天、拜神、拜祖先均用此礼。后来，僧人举一手向人行礼，也叫"稽首"。道教礼俗中的"稽首"，则较简略，即举一手向人行礼。此俗今以叩头代之，流行于民间。

第四章 形象重于泰山——个人礼仪

顿首：用于吉事之拜，是晚辈或地位低者对长辈或地位高者的较为隆重的礼仪。其行礼方法，据《周礼·春官·大祝》，与稽首同，只是俯身引头至地就立即抬起，即今俗所谓叩响头——叩地而拜，头触地时间很短。后多用为书信的开头或结尾，作为敬语。如唐·柳宗元《献平准夷雅表》："臣宗元诚恐诚惧，顿首顿首，谨言。"也有的首尾均用，如梁朝丘迟《与陈伯之书》："迟顿首。陈将军足下无恙。幸甚幸甚……丘迟顿首。""顿首"作为礼俗语，在现代知识分子书信中还有保存。

空首：国君回答臣下或尊者对卑者的答拜礼。"空首，拜头至手，所谓拜手也。""空首者，先以两手拱至地，乃头至手，是为空首，以其头不至地，故名空首。"行此礼时，身体先取跪姿，然后拱手至地，接着引头至手。所谓"空"，就是头与心平，并没有真正叩到地面，而是悬在空中。空首又叫"拜手"，或省称为"拜"。古人在行稽首、顿首礼时，一般要先行拜礼，如《尚书》中常见的"拜手稽首"语，即如是。以上三种均属"吉事之拜"。

振动、吉拜和凶拜三种，是"凶事之拜"。

振动：与吉事之稽首礼相当，是丧礼中最隆重的跪拜礼。"郑大夫云，以两手相击也……玄谓，振动，战栗变动之拜。"凌廷堪《礼经释例》："拜而成踊谓之振动。"踊指跳起脚来哭的动作。以此看来，行礼时，不仅要跪拜、顿首，拜者还要跳脚击手，捶胸顿足，哭天抢地，浑身战栗不已，表达对死者的极度悲哀。

吉拜："吉拜，拜而后稽颡。"拜时，先空首，后顿首，非三年之丧，行此礼。因此其拜与顿首相近，故谓之吉拜。

凶拜："凶拜，稽颡而后拜。谓三年服者。"行礼时，一般先顿首，后空首。稽颡，亦是始于周代的汉族凶拜礼。屈膝下拜，以额触地，在居丧答拜宾客时行此礼，表示极度的悲痛和感谢。《礼记·檀弓下》："拜稽颡，哀戚之至隐也。稽颡，隐之甚也。"注："稽颡者，触地无容。"《左传·昭公二十五年》："平子稽颡曰：'子若我何？'"如长子为父母丧行稽颡礼，妇人为丈夫与长子丧也行稽颡礼。也有为亲人死百日之后，满一年之间行稽颡礼（清·翟灏《通俗编·仪节·稽颡拜》）。

奇拜：对此礼有三说：一为拜时先屈一膝，为雅拜；一为持节，持戟拜，身倚之以拜；一为奇是单数，即一拜，例如有学者释为"一次拜"。稽首是再

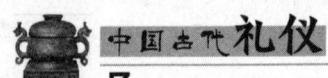

拜，没有奇拜的情况，顿首及空首则都有奇拜。

　　褒拜：此礼有两种说法，一为再拜；二为持节拜。如有学者解做"再拜"：反复两次以上的拜礼，适用于稽首、顿首、空首等多种拜礼，如乡饮酒礼中所说的"再拜"，就是顿首之褒拜。

　　肃拜：亦称"手拜"。"肃拜，但俯下手，今时揖是也。"揖，跪而举其首，唯下其手。一说，其拜仪是屈膝跪地，下手不至于地而头微俯。此为妇女的正拜，男子在军中也行肃拜礼，这是因为将士披甲，不便于行其他拜礼。肃拜是九拜中最轻的。女子之所以比男子礼轻，大概与母系社会时期女性居于受尊敬的地位，不必行大恭大敬之礼的传统习惯有关。这种轻的肃拜只沿用到唐代。武则天自立皇帝后制定礼仪，将女子的拜姿改为正身直立，两手放胸前，微俯首，微动手，微屈膝。这种拜仪当时称为"女人拜"。唐宋时期，女人在行这种礼时常常口称"万福"，所以后来又把"女人拜"叫"万福礼"。这种拜俗从武则天改制开始，一直沿用到清代。

三拜九叩（南京妈祖庙会）

叩头、拱手、作揖

叩头又称磕头,也是流行于全国的汉族交际礼仪。行礼时伏身下跪,双手扶地,以头叩地而拜,是一种比较隆重的礼节。《史记·田叔列传》:"叔叩头对曰:'是乃孟舒所以为长者也。'"《汉书·李陵传》:"叩头自请曰:'臣所将屯边者,皆荆楚勇士,奇材剑客也。'"叩头通常为晚辈、下对上的礼节,也有平辈用作大礼的,如民间结义兄弟之间举行结拜仪式。其起源有数说,一说为九拜礼俗的"稽首"和"顿首";一说始于服罪、谢罪之举。"叩头"之"头",繁体作"頭",从豆。《说文》:"豆,古食肉器也。"为什么"头"从豆?一则取人头似豆;二则以人之头骨制作饮食之器,故与豆相联系,这是更重要的。早期头字主要用作断绝的对象。豆是礼器,以其头来献,也就是《三国演义》上说的"提着头来见"。

头字经常与惩罚、谢罪相联系。我国历史上以头作饮食之器的最著名事例,是春秋时代晋国大头所为。《战国策·赵策一》:"赵襄子最怨智伯,将其头以为饮器。"《史记·刺客列传》载其事,谓"漆其头以为饮器"。《韩非子·难二》:"此智伯之所以国亡而身死,头为饮杯之故也。"又其《喻老》篇再述其事,谓"漆其首以为溲杆",即是把智伯的头作了溺壶。在郑州商城宫殿建筑基址区内发掘出一条掷埋有近百个奴隶头盖骨的壕沟。这些奴隶头盖骨上都带有锯痕,这是商代二里岗时期奴隶主把奴隶们的头盖骨锯开作为食具使用的例证。《史记·大宛列传》:"匈奴破月氏王,以其头为饮器。"所以,首称之为头,头字的产生,由豆到头的意义引申,具有这样一个野蛮时代文化的背景。

另外,头字的出现和发展是在春秋战国时期。例如《韩非子》中有8个头字,5个用作斩首之义:"绝头""断头""以其头献""以头献王"等。《史记》中共有126个头字,只有一例属引申用法,其余皆指人头。如"吾闻汉购我头千金""示鲁父老项羽头""以黄钺斩纣头"等。在其《刺客列传·荆轲传》中,荆轲在跟樊於期商量,要樊的头作为觐见秦王之礼时,说"樊将军首",共4次;到了秦国,言谈中都称作"樊於期之头",共2次。这说明什么呢?在燕国和到秦国口气不同了,在燕国称将军,便用首字,到秦国直呼樊於期,以其为觐见之礼,便用头字。在秦王面前,樊於期是有罪之人,用头字就跟罪过联系着。《说文》所释"县（悬）"字，为颠倒的首字。这完全符合古代社会的惯例。不要说春秋战国时期，明代作品《三国演义》《水浒传》上还时见此悬首之举。《史记》中说到悬头的至少有4处。所以，头字的一些早期用法，所断者为头，祭献者为头，往往带有惩罚的性质。或者说是作为一种豆的头，跟头字的语源相关。因此，头字是在社会阶级斗争激烈、高涨的时代里产生和发展起来的一个字。

另外，叩的本义是击、敲打，如《愚公移山》："叩石垦壤，箕畚运于渤海之尾。"李斯《诗逐客书》："击瓮叩击。"故"叩头"非出自本心。

据此可知，"叩头"并非礼让，而是服罪、谢罪之举。《史记·滑稽列传》："（淳于髡）故来服过，叩头谢罪大王。"又："（为河伯娶妇而赋敛百姓之人）皆叩头，叩头且破。"又《吴王濞列传》："王肉袒叩头汉军壁。"又《外戚世家》："帝遣责钩弋夫人，夫人脱簪珥叩头。"又《三王世家》："于是燕王旦乃恐惧服罪，叩头谢过。"诸如此类，《史记》共九言"叩头"皆如此，而无叩首之说。至于"三跪九叩首"，是后来的说法，大概也往往是谢罪之意；感恩也可如此，这就跟《史记》中的意思不同了。

拱手流行于全国各地的汉族交际礼仪，是古人最普通、最常用的礼节，亦是当代见面或答谢时仍在施行的一种礼节。施礼者右手在内，左手在外，两手合抱于胸前。有说，拱手齐眉，吉拜男子尚左（即拱手于左胸前，一说左手在外），女子尚右；凶拜反之。此种礼仪起源甚早，如《礼记·曲礼上》载："遭先生于道，趋而进，正立拱手。"《论语·微子》载："子路拱而立。"可见，拱手礼在周已很普遍。据考，拱手姿势最初是双手抱拳，模仿于前面戴手枷的奴隶。这可以从甲骨文中寻其端倪。《尔雅·释诂》释"拱"字为"执也"。《甲骨文编》中收有"执"字32个，都像枷在人手之形。康殷先生也释为"像双手被扣在……手铐里的人形"。拱手时，人的姿势与戴手枷的奴隶跪坐或站立时如出一辙。学者的这些考证在文物考古中得到印证。在河南安阳小屯殷墟的第15次发掘中，出土了3个戴手枷的奴隶陶俑。女奴隶披枷在前，其姿势恰如拱手。此外，在洛阳东郊西周早期墓葬的出土玉人雕像，双手前举抱拳合拢，腕部戴一副大枷，其姿势亦如当今之拱手。

古人何以将拱手这一表敬礼仪作如此规范？其实不难理解，古人自称谦词为"仆"，"仆"本来就是奴隶。另一说：拱手源于古代"九拜"礼俗的"空首"和"振动"。拱手无分高低贵贱，属人们日常生活礼节，与我们现在的握手、点头、挥手致意的性质差不多。它除了用在亲友相见、迎送宾客、向人问讯之外,有时也用以辞让。如在路上遇见熟人时,边拱手边说:"请!"让对方走前面,以示尊重及谦让。

作揖与"拱手"一样属于比"拜"轻的宾主相见礼节,流行于全国大部分地区。先秦已有,20 世纪 30 年代尚盛行。现在人们为防握手时接触传染疾病,作揖之礼又悄悄地兴起,特别是一些知识分子,比较喜欢这种礼节。一般双手叠抱举前轻轻晃动,身略前倾,表示问候、致谢、邀请、讨教等,还常伴以敬问、谦词。

拱手俑

《仪礼·乡饮酒礼》郑玄注说:"推手曰揖。"古揖礼根据对象的不同,推手时有高、平、下之别。《周礼·秋官·司仪》载称:"诏王仪:南乡见诸侯,土揖庶姓,时揖异姓,天揖同姓。"庶姓是指众姓,异姓是指有婚姻关系的姓。郑玄注:"土揖,推手小下之也……时揖,手推手也……天揖,推手小举之。"即:对庶姓、没有亲属关系者,推手时稍稍往下,称"土揖"。对异姓有婚姻关系的,平手推,叫"时揖"。对同族同姓的就用"天揖",推手时稍微举高。用于略尊于己者,叫"长揖",即身体站立略折,两手合抱拱手高举,然后自上而下移。《史记·郦生陆贾列传》曾记载郦生见刘邦"长揖不拜"的事。按礼仪,郦生见刘邦当行隆重的跪拜礼,但由于刘邦"洗足"时见客,不够礼貌,所以郦生便长揖为礼。又有"高揖",即双手高高拱起,但不鞠躬。还有,屈身行长揖谓之"打躬",都较拱手叠抱不动礼节为重,多平辈间行之。我国最早的几部礼书《周礼》《仪礼》《礼记》,就有了作揖礼仪的记载。古代上层统治阶级之间,曾把作揖礼作为定尊卑、别亲疏,"正朝仪之位,辨贵贱之节"的一种手段。清代著名学者阎若璩说:"古之揖,今之拱手。"元代戴侗在《六书故》中解释,"揖"为"拱手上下左右之以相礼也"。由此可见,作揖便是以拱手为基

123

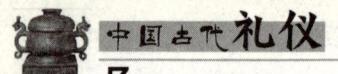

本姿势，辅之上下左右的具体动作而成的一种礼节。时下人们行此礼，多分不清"拱手"与"作揖"，一般混同一礼，故称谓便连名之为"拱手作揖"或"打拱作揖"。

特殊的女子行跪礼

古代女子行礼与男子不尽相同，前文曾述，女子跽坐时，有所谓"肃拜"，平常未跽坐的场合，一般情况下，女子不像男子那样下跪行跪拜礼，这种情况自先秦至清始终如一。北宋初，宋太祖曾问宰相赵普，行拜礼为什么男子跪而妇人不跪，赵普回答不上来。清代史学家赵翼还举例说，北周天元帝（当为天和帝）曾下诏，县命妇拜宗庙及天台，要像男子那样跪伏在地，以此来说明当时妇人久无跪拜之礼，因而特诏如男子拜。女子行跪拜礼多属特殊场合，主要有以下几种情况。

向父母公婆及皇帝、皇后等行礼。赵翼认为这些人"皆属至尊，自宜加礼"。如唐朝女子结婚，初次见公婆，就是跪拜。南朝刘宋，会稽长公主向皇帝行礼，是"再拜顿首"。明朝皇宫中，元旦及冬至两大节，众妃嫔及高级官员夫人中的受册封者命妇，要向皇后行庆贺礼，在司礼官导引下，开始，"众妃皆跪"，皇贵妃致祝辞，"致辞毕，皆俯伏"。接着，公主跪拜"如皇妃仪"。以下，诸命妇进贺，赞礼官"引至殿上拜位，班首及诸命妇皆跪"。清代，遇皇帝万寿及元旦等节日，在乾清宫举行家宴，届时皇后以下皇贵妃、贵妃、妃、嫔等全部预宴，皇帝进酒时，"皇后以下各出座，跪，行一拜礼"。皇后千秋节内宴诸妃嫔，皇后进酒，诸妃也向皇后行跪拜礼，与向皇帝行礼仪节相同。皇帝如果赏赐其妻妾物品，"皇后、妃、嫔见物跪接"，以表示对皇帝谢恩。《红楼梦》中还有王熙凤、平儿给她们的奶奶婆贾母、婆母邢夫人及婶婆王夫人跪拜磕头的记述。

拜神及丧祭。清代，每年春天皇后举行先蚕祀礼，祭拜蚕神。上香时，"皇后跪"，司香进香，皇后上香。之后进行"受福胙"仪式时，"皇后跪。左右女官皆跪"。又如《红楼梦·宁国府除夕祭宗祠》一节，以贾母为首的贾府全族男女在祠堂祭祖，当时是"左昭右穆，男东女西；俟贾母拈香下拜，众人方一齐跪下，将五间大厅，三间抱厦……塞得无一空隙地"。这里所说的贾母拈香下拜，就是跪拜，众人一齐跪下，也包括在大厅西部的女眷。又如丧礼，第一一〇回"史太君寿终归地府"，贾母咽气后，"众婆子急忙停床。于是贾政等在外一边跪着，邢夫人等在内一边跪着，一齐举起哀来"。

女仆向主人行礼。《红楼梦》第六十二回，写贾家女奴某（大观园内伺候人，惜春屋里小丫头彩儿的娘）因胡乱说，被林之孝家的和一群女人带到贾家人跟前，那女奴"也不敢进厅，只到了阶下，便朝上跪下了，碰头有声"。第七十二回写来旺儿家的为儿子婚事请求凤姐、贾琏，"旺儿家的看着凤姐，凤姐便扭嘴儿。旺儿家的会意，忙爬下就给贾琏磕头谢恩。"

公堂之上。《水浒传》第二十二回，阎婆拉着唐牛儿到县衙里控告宋江杀了她女儿，升堂后，"知县看时，只见一个婆子跪在左边，一个汉子跪在右边……婆子告道：'老身姓阎，有个女儿唤着婆惜……今早宋江出去走了一遭回来，把我女儿杀了。'"第六十二回，卢俊义的妻子贾氏及家人李固首告卢俊义投靠梁山造反，那梁中书的公厅之上，众公人"把卢俊义拿到当面，贾氏和李固也跪在侧边"。

表示特别敬畏和礼敬。《战国策》记苏秦游说列国，在家之时，他的嫂嫂瞧不起他，非礼相待。及至苏秦衣锦还乡，其嫂"匍匐四拜"。西汉初，汉高祖刘邦曾打算废掉已立的太子刘盈，而立戚姬所生之子如意为太子。大臣们极力劝谏，周昌的态度尤为强硬，刘邦只好作罢。大臣们谏争时，刘盈之母吕后正在东室侧耳偷听，对周昌感激万分，见到周昌，用下跪来表示她的谢意和礼敬。

女子在一般场合的常行礼节是"拜万福"，上身稍微前倾，双腿微曲，即"稍作鞠躬虚坐之状"，两手合拢按下。女子在行这种礼时，口中还常常说着"万福"，向受礼者道贺多福，所以这种礼节又称"拜万福""万福拜"或"福拜"，拜一拜还简称"福一福"，拜几拜称"福几福"。如《红楼梦》第三十九回，

拜万福的手上动作

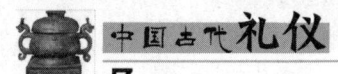

刘姥姥二进大观园，进了贾母房中，"忙上来赔着笑，福了几福，口里说：'请老寿星安。'贾母亦欠身问好"。这里所说的"福了几福"，实际是指拜了几下福拜。《二十年目睹之怪现状》第九十一回，写海关道员叶佰芬与他的母亲叶老太太及夫人叶太太，去拜见福建巡抚赵啸存，迎接的是赵啸存的夫人，她先"向叶老太太行礼，老太太连忙还礼不迭。礼毕之后，又对叶太太福了一福"。《水浒传》第三回，鲁提辖与史进、李忠在酒楼吃酒，遇到被镇关西欺侮的父女俩，向他们询问事情由来，于是"那妇人拭着眼泪，向前来深深的道了三个万福"。"深深的道万福"，是指拜万福时上身深深鞠躬，表示深忱的敬意。

称谓与敬语礼仪

称谓是社会生活必不可少的语言工具。古人非常注重语言的文明，交往中往往谦称自己，敬称对方。同时，在一些常用例语上也体现着谦敬有礼。

使用谦称来称呼自己，表现了说话者的谦逊和修养，也是对对方的尊敬。古人常用的谦称有：愚、鄙、卑、小等，表示自己愚笨无知、才疏学浅、地位低下等意思。不论自己是否真的无知无能，但如此谦卑可借以抬高对方的才能、地位。如"愚生""鄙人""卑职"，还有"不肖""不才""晚生""小生""在下"等词。老人自谦时，常用"老朽""老拙""老夫""老身"等，以表示自己衰老无用。即使是皇帝，也常以谦词自称，如"孤家""寡人"等。

谦称自己的同时，古人又以敬称方式称呼对方。诸多敬称中，有陛下、殿下、阁下、圣等。如"圣"，表示德性高尚智慧超群，如孔子被称为孔圣人，帝王被称作圣上、圣驾。

"陛"是进入廷殿必经之路。皇帝升朝时，近臣侍兵常要站在陛的旁边。群臣向帝王上言，自称"在陛下者"，由此，"陛下"逐渐就成了皇帝的指称。"阁"较"殿"小，但也为达官贵人所属，所以"阁下"是对有一定社会地位的人的敬称。

此外，子、令、尊、贤等也常用来敬称他人。"子"是古代对有学问、有德行的男子的尊称。孔子、孟子、老子、庄子等，都是尊称。"令"表示善与美的意思，一般对人表示恭敬之心，在称呼前均加"令"字。如令堂、令史、令郎、令侄等。"尊"字也是常用敬称。《颜氏家训·风操》说:"凡与人言,称彼祖父母、世父母、父母及长姑,皆如尊字。"即可称尊祖、尊翁、尊夫人。"家"也是一个表示敬意的词。一般用于对人称比自己辈分高的亲人,如家父、家慈、家兄等。"贤"字表示德才之能,如贤弟、贤侄等。

除了称谓,古人在语言中还有许多表示恭敬、客气、文雅的词语。初次见面称"久仰",久别重逢称"久违",看望他人称"拜访",招待远客称"洗尘",宾客到来称"光临""惠顾",求人办事称"拜托""鼎助",陪同客人称"奉陪",中途退走称"失陪",请人评论称"指教""斧正",求人给方便称"劳驾""借光",请人原谅称"包涵",谦称己见为"浅见"。

在我国古代礼貌用语中,有专门的表敬副词。这一类副词常用于对话中,一般并无具体意义,只是表示对人的尊敬或者对己的谦卑,在人际交往中起敬计礼貌作用。如:"楚工口:'吾请无攻于宋矣。'"这里的"请"字不必作"请求"解,只是表客气而已。"愿大王幸听臣等。"这里的"幸"字也只表示尊敬、客气的意思。尊人的表敬副词除"请""幸"之外,常用的还有"谨""敬""惠"诸字,它们的意义虽有不同,但作为礼貌用语则起着同样的作用。

我国古代用语中讲究谦词、敬词,充分表现了人们在交往中的文明程度,反映了社会的精神风貌和人际伦理道德规范。直到今天,我们在人际交往中还保留了一部分谦词、敬词。如"请"及多用于书面的"恭""敬""谨"等。

见面打招呼,互相问候,这是人类进入文明阶段的表现,各种语言中都有专门的问候语。我国作为世界文明古国,早在上古时期就有了问候语的萌芽。起初,问候带有一定的实际意义,其所表示的意义往往具有相当的重要性,从而成为人们相见伊始首先要说的话。最早的有"无它乎?"(它,指一种毒蛇)"无恙乎?"(恙,病)也是一个问候,表达人们互相关心和互相交流的愿望,后来引申为"无忧乎?"如:"齐王使使者问赵威后,书未发,威后问使者曰:'岁亦无恙耶?民亦无恙耶?王亦无恙耶?'"问候语的特殊意义,是用来表达别人的关切与尊重。后来问候的实际内容并不十分重要,而是借此形式表达人们相互间的问候和致意,后逐渐变成一种一般的关切和尊重。

交际中祝福语的运用,会创造出友好、祥和、欢乐的气氛,对增进双方

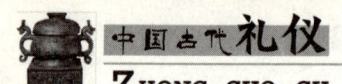

的感情起到了良好的效果。尤其是祭祀与酒有着密切的关系，因而古人常在饮酒时使用祝福语。如长寿是人们最大的愿望，最常见的祝福词为："为……寿！""为寿"也叫上寿，成为古代给尊长献酒并祝长寿的礼节。

敬称也罢，谦称也罢，都是为了表示尊敬有礼。古代的谦词、敬词不胜枚举，雅俗有别，古今不同，许多古代复杂的称谓、敬辞由于在今天已不适用，在此不再一一列举。但古人在言辞中对称谓及其他敬语的讲究，确是我们所应具有的教养之一。许多人在同别人打交道时，不习惯于使用谦敬之辞，认为客套之语有做作虚伪之嫌，这些看法都有失偏颇。

另外，要养成使用敬语的文明习惯，首先必须在心里存有敬人之心，如此才可能在语言上表示出对别人的尊敬，心有所存才能口有所言。

坐姿入席礼仪

坐姿与礼节有一定关系，所以古人对坐姿比较讲究。席地而坐时期，人们的坐姿大致有三种。一是"跌坐"，即双足交叠，盘腿而坐，如同佛教中修禅者的坐姿，故又称"跏趺坐"；二是"箕踞"，即两腿前伸而坐，全身形似簸箕，故名；三是前文所说的"跽"，即跪坐，臀部压在后曲的腿、脚之上。当时，人们在无席的地上也是这几种坐姿。平时不与人接触交往时，坐姿可以比较随便。如果与尊长坐在一起，或与友人交谈，以及在聚会议事、宴会、招待宾客等场合，就要讲究坐姿了。礼貌的姿式是"跽"坐，而且讲究"正襟危坐"，危坐，是指坐时腰身端正。

西汉的中大夫宋忠、博士贾谊，有一次听卜者讲解卜筮，由于这位学问渊博的卜者侃侃而谈，讲论得顺理成章，宋、贾二人不由得肃然起敬，于是"猎缨正襟危坐"，即整理一下冠带，正一正衣襟，端正地坐好，以表示对这位学者的尊敬。坐在高脚座具上，也以坐姿端正为礼貌。宋礼部尚书张某，自他入仕以后至终老，"凡与宾友相接，常垂足危坐"，司马光敬佩他的讲究礼节，因而在为他所撰的墓志铭中也加上这么一笔。又据明末刘宗周的《人谱类记》记载："刘忠定公见宾客，谈论过时，体无欹侧，肩背竦直，身不少动，至手足也不移。"这种举止，没有恪遵礼制的精神，是难以坚持"逾时"即两个小时以上的（文中的"时"是指一个时辰，相当于现在的两个小时）。古人讲究坐有坐相，即使平时自己闲坐，也端正姿势，以保持其士大夫的风度，如东晋的陶侃便是"职事之暇，终日敛膝危坐"（《人谱类记》卷上）。宋司马光也是平时"燕居，正色危坐"（《古今图书集成·礼仪典·履部》）。三国时魏国的管宁，50年来常坐一木榻，且跽坐，从未箕踞，以致着膝之处都磨出了深坑。

箕踞，则是不合礼节的轻慢之举，是对同坐之人的不尊重。刘邦是个不拘礼节之人，平时即箕踞而坐，见人也不改变坐姿。他的女婿赵王张敖，对他礼貌甚恭，而他却"箕踞骂詈，甚慢之"（《汉书·张耳陈余传第二》）。箕踞而坐再斜倾身躯倚靠几案，就更属轻慢无礼的举止了，所以古代的高傲者如果有这种行为，史家为他们作传时常常不忘写上几笔。三国时蜀国的大臣简雍"性简傲"，陈寿作《三国志》说他在与蜀主刘备一起坐时"犹箕踞倾倚、威仪不肃"（《三国志·蜀志·简雍传》）。《陈书·侯安都传》记安都骄横不恭，在酒席宴上也是"箕踞倾倚"。箕踞是一种不礼貌的举止，所以《礼记·曲礼上第一》说："坐毋箕。"对妇女的这种坐姿尤为严禁。据《韩诗外传》卷九记载，孟子回家，进屋看到他的妻子正箕踞坐，立刻出来对他的母亲说，这个妇人应该休掉。他母亲说，你进门也没有出声示意，她怎么会知道有人进来而坐端庄了呢？孟子这才没有再说什么。

只有在不拘礼节的朋友之间，箕踞才被视为是无所谓之举。更有一些蔑视礼法的士人，生活上主张自由自在，反对礼节的约束，如魏晋时的阮籍等，平时便"裸袒箕踞"。但这类士人毕竟还是少数。

古人在席子的摆设及入席等方面也有许多礼节讲究。如"席不正不坐"，说的是席在摆设时要与室内四边平行而不斜，否则就不应该坐。席正而坐，体现坐者的端庄，也是一种礼数。孟子的母亲是个非常讲究礼节的人，据说她为了让未出生的孟子知礼，受到礼教的影响，行"胎教之法"，怀孕时便"席不正不坐"。《礼记·曲礼上》对入席的礼法有如下规定："毋踏席，抠衣趋隅。"即入席时，不要从席子的上首即前边踏席越过，应该提起衣裳走向下角再进入自己的席位。

箕踞姿俑

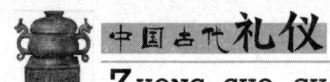

"坐不中席"，是指席中为尊者独坐时的位置，所以卑者即使独坐也不能居中，而应坐在边上。"异席"，古代一席一般坐4人，如果有5个人，应让长者另外坐席。"敬无余席"，说的是与尊长坐在一起时，中间不要留较大空隙，应靠近尊长，以便服侍、请教。另外，《礼记·曲礼上》还有几个不同席的规矩：父子不同席，以区别尊卑；女子出嫁后回娘家，不与她们的兄弟同席，为的是人伦男女之防。

饮宴座次

饮宴中不同身份的人落座何处是有讲究的，座次首先要确立"上座"，上座为尊。在古人那里，一般来说，室以东向为尊，即在西墙前铺张席子，坐在席子上面向东。其次是在北墙前铺张席子，面向南而坐。再次是南墙前铺张席子面向北而坐。最卑的位置是东墙面朝西的席位。但并不是一切场合都以面向东为尊。有心的人会发现在许多古籍记载中，往往有以面向南为上座的情景。

要搞清古人的座次尊卑到底怎样确定，必须和具体场所的方位联系起来。古人建造房屋，正房一般选择坐北朝南，既采光又避风。这样的房屋，属东西走向，当然以朝南为上。一般皇宫也多采用这种建筑方位，皇室宝座就坐北朝南而设。"南面称王、北面称臣"即是如此。如果房屋的走向不是东西，而是南北，则往往室内以坐西朝东为上。故《礼记》才说："席南乡北乡，以东方为上；东乡西乡，以南方为上。"这里的"乡"意即"向"。南北走向的席子，其尊位当然要坐西面东，而东西走向的席位，则当然是坐北向南为尊了。

确立了上座首位，按身份尊卑排位就是了。唐宋以后，人们不再席地而坐，筵席多采用八仙桌，八人一桌。

如果人多要设两桌以上，尽可能安排出1~2桌主桌的座次，其余可以不排座次。如果是两桌主桌，则要注意主宾尊卑的交叉安排。

这种座次礼仪表达了对贵宾的尊敬，所以一直流传下来，成为中华民族饮宴礼仪文化的一部分。即使在今天的现代饮宴礼仪中，也沿用了这种座次礼仪形式。

饮食忌讳

传统礼俗中有不少饮食忌讳的要求。如，要求人们在席间要注意自己的吃相和举止。有些则属于民俗禁忌，不同的民族往往有一些独特的忌讳。

我们知道宗教祭祀活动常常渗透到农业、狩猎、捕鱼等生产活动中，也影响到人们的饮食习俗。按照传统的习俗，人们在获得丰收或捕猎到食物后常常要把食物先祭献给祖先神灵，以感谢神灵的保佑，之后才可自己食用。有些民族在这方面禁忌非常严格。如佤族的习俗，是在举行迎谷神、棉神、小米神和瓜神仪式前，禁吃任何新收获的粮食和瓜果。而景颇族则认为谷子也是有灵魂的，为此要通过举行宗教仪式把谷魂叫回来，并征得各神同意后，才能食用。鄂温克族不吃当日打到的鹿、犴、狍子等，也不能切断其食道口。还有一些少数民族，如藏族、蒙古族等，喝酒时要用手指从杯里蘸一点酒向空中、大地，表示敬献神灵，而后才能自饮。

传统礼仪一向主张尊重不同民族的礼俗习惯。《礼记》中对"入境随俗""入门随俗"做了专门强调。入境随俗的礼仪要求人们到某地某家做客，要先弄明白当地饮食习俗，切不要犯了主人的忌讳。

行旅禁忌

旧时人们认为，人在行旅途中的安全是由神掌管着的，古时有路神（亦称道神、行神）的信仰。其神为谁，说法不一。一说是共工之子，名修；一说是黄帝之子，称为嫘祖。《礼记·祭法》中"王为群姓立七祀"，"诸侯为国立五祀"，"大夫立三祀"，"适士立二祀"，其中都有行祀一项。可见古时祭祀，适士以上至诸侯、王，皆有行道之祭。"庶士、庶人立一祀，或立户，或立灶。"古代礼法制度上的这种隆重的祭行之礼，乃是出于对路神的敬畏。

外出行旅，第一件重要的事情就是选择一个出行的吉日，出行前要礼敬日神、月神、天神、路神等，以求得神灵的保佑，否则出门必定招致灾祸。俗语云："在家不敬月，出门招风雪。"按乡俗礼仪，出门回家各有宜忌。俗有"日逢三六九，不问出门走"，"初五、十四、二十三，太上老君不出鞍"，

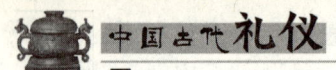

"七不出门，八不回家"之说，可见三、六、九乃是吉日，忌讳逢七、逢八和月忌日（初五、十四、二十三）出行，这是民间较为普遍流行的最为简单的择吉方法。还有杨公忌，也是专门避忌出行的日子，具体日期为：农历正月十三、二月十一、三月初九、四月初七、五月初五、六月初三、七月初一、七月二十九、八月二十七、九月二十五、十月二十五、十一月二十一、十二月十九，相隔均为28天，这些日子都是禁忌出门离家的。

出门在外吃饭，也有许多禁忌，如不要先喝汤，不要端着碗喝汤，要用匙，不要泼了汤，不要掉落了筷子，不要打破了碗，还有"出门千里，不吃枸杞"。

在山路上行走，若有人呼唤自己的名字，千万不能答应，也不能回头看，民间以为这可能是鬼魅在试探。人名为人体的一部分，若是答应了，灵魂便为鬼魅所逮，人将遭遇不测。行路时，还忌讳遇上殡葬的，民间以为不吉利；禳解之法可将衣帽脱下，扑打数次，谓之"散晦气"。在山里，旅行者也忌讳遇见瘴气。

出行时尽可能选在白天，夜晚行走比较忌讳，可能遭遇不测，或遇鬼魅侵扰，或遇强人掠夺。俗语云："爱走夜路，总要撞鬼。"

1. 言语禁忌

言语本是一种社会交际工具，人们利用它交流思想、传递信息，达到彼此之间了解的目的。可是人们在运用言语表达自己的思想情感时，往往会遇到一些言语障碍，其中之一是一些语言在某些场合不能随意使用。人们害怕这些语言会带来灾祸，或给人以不祥的预兆。此心理导源于原始初民对于超自然力的恐怖与敬畏的信念，以为某种灾害的事发生是由于人类无法把握的力量的影响。中国百姓崇信自己的言语中有魔力，对于语言和事物不能明确分开，以为语言即是它所表达的人和物本身。言语禁忌由此产生。言语禁忌的目的是为了防止灾难或不吉祥的事发生，从而限制自己的言行。言语禁忌发展到今天，其原有形态的功用已经淡化，而成为"讨口彩"的一种语言风俗现象或民众避祸求吉心理诉求的显性展示，和真正灾祸并没有直接的联系。言语禁忌具有鲜明的地方性，类型多样，其转化形式是用一些吉祥的词语代替。

对噩耗、凶信、伤亡、离散、伤病等，人们往往要换个吉利的词改说。

对于人的死亡，客家话里一般不直接说"死"，而说"过身""唔在味"（不在了）、"转妹家"（回娘家）等。四川方言忌言"生病"，对大人生病一般都说"不好了"，小孩生病则说"变狗了"。古代帝王死了，要用"崩""崩卒""驾崩"及"山陵崩"等词语，喻示帝王是江山的顶梁巨柱，其死绝不能等闲视之。军士打仗受伤叫"挂彩"，南方叫"带花"，意指受伤扎了绷带。上海郊县恋人常忌言"梨""伞"，而将它们比喻为"圆果""竖笠"，是忌讳"离散"的意思。对破财，人们很忌讳，尤其是商人，因而要用反义语改说。如广州话"舌"和"蚀本"的"蚀"同音，所以把"舌"叫做"月利"，猪舌叫"猪月利"，取其"利"字之音，达"利"字之义；在南昌，猪舌叫"招财"，温州叫"猪口赚"，意义更明确。对于一些生理现象，人们往往用文雅的词语代替：如在公共场所，尤其在餐厅里，有人要上厕所，而"厕所"一词不能登大雅之堂，于是人们就说"上洗手间""净手"或"方便一下"等。

2. 房宇禁忌

新房屋一旦盖好，室内就要住人。俗以为新房忌空室，不然会有鬼祟。据《台湾风俗志》记载，瘟疫鬼的居所，依日时不同，常在室内各处，如中庭、东西壁下、床上、床边、灶前、堂前等。如果不知瘟疫鬼何时正在何处，乱动乱撞室内东西，便会受其祟患，染上疾病。

汉族最重子嗣，屋门与家门一致，因而民间忌讳常关屋门，唯恐"关门绝户"。又以为门槛是家神凭依之处，故忌坐、踏、站在上边，尤忌用刀砍或以刀砧在上边砍东西，否则，家中会招灾异，或破财。但大门禁忌白天不打开，侧门、后门和堂内的房门却不忌讳。内室的门要么打开，要么关上，不许半开半闭。

房屋是供人们睡眠休息的空间。在室内休息时，禁忌烘着火大睡，俗说"房里无人莫烘火，烘火犹恐埋头睡"。不然的话，会失火烧毁房屋的。睡觉时也忌讳头朝窗户，或头枕窗台、门槛。《风俗通义》云："俗说卧枕户砌，鬼陷其头，令人病癫。"

住房的格局也很讲究，如大门建在山墙之中向南，又正对堂屋门，则被认为是"水火相克"；如街门正对堂屋窗时，谓之"门对窗，人遭殃；窗对门，必伤人"。忌对面山墙正对大门，也忌对面房子的后窗正对大门上的门

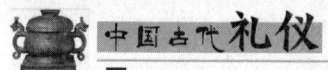

鼻，以上情况须挂铜镜才能破解，但镜子不能照到别人门上，否则容易引起纠纷。鸡窝垒在正屋的屋檐下，谓之"双落泪"，不吉利。小孩忌捅屋里的燕子窝，说捅了要瞎眼的。

第二节
穿戴礼仪

穿戴要点

我国自古就被称为"衣冠上国，礼仪之邦"。而"华夏"一词也是源于"冕服华章曰华，大国曰夏"（《尚书正义》注），由此可见，衣冠服饰礼仪在我国历史不仅悠久而且意义重大。

衣冠服饰之所以重要，是因为古人认为它与人的道德修养密切相关。东汉王充就曾提出了"德盛文缛"（"文"指的是衣冠服饰）的命题，认为人的道德水平越高，其文采仪表、服饰装扮就越是焕然严整。

1. 严整与洁净

严整与洁净是最起码的衣冠服饰礼仪。《弟子规》中说："冠必正，纽必结，袜与履，俱紧切。置冠服，有定位，勿乱顿，致污秽。"其意是说，帽子要戴端正，衣服扣子要扣好，袜子要穿平整，鞋带应系紧，一切穿着以严整、端庄为宜。回家后，衣、帽、鞋、袜都要放置定位，保持整洁，避免脏乱。

对古代男子来说，非常重要的是"冠"。古代男子 20 岁时举行冠礼后，冠就是已经成人的标志，从此以后，在公开场合都要戴冠。该戴冠而不戴就是失礼行为。据说，春秋时期，有一次齐景公散着头发未戴冠就出宫，守门人看见后对他说，您这样出去，哪里像我们国君的样子！景公也很惭愧，就赶紧回去了。

衣冠合于礼仪就是要求衣冠服饰要适合身份、地位、场合，符合礼的规定。

商周年间，人们穿着的衣服通常是上衣下裳（即裙子）。贵族在裙子外面多系一片草制或丝绣的斧形服饰，作为身份尊贵的标志。到了春秋时期，上衣下裳被连接起来，垂到踝部，被称为"深衣"。贵族既可在家居时穿深衣，也可在晚朝时穿。庶人一般穿褐（粗麻制成的短衣），但也可以把深衣作为礼服。

汉服着装

秦汉以后，为了维护封建等级秩序，各级官吏与庶民在衣着服饰上，从式样、用料到颜色、花纹，都有了明显的不同。如唐宋就把龙袍与黄色当做皇室的专用服色，其他人不能僭越使用。其他官员，"一品至四品，绯袍；五品至七品，青袍；八品九品，绿袍"（《明史·舆服》）。而普通百姓不能使用大红和鸦青色，以免与官服相混。

古代衣服的性别区分也很明显。孩子刚开始学说话时，要给男孩佩戴皮制小囊，女孩则佩戴丝织的囊。"男女不通衣裳。"（《礼记·内则》）

另外，古代服饰的颜色有素色与喜色之分。白色、黑色、灰色、蓝色通常为素色，红色中大红、朱红、粉红等为喜色。穿着素色与喜色服装也有礼仪的规定，如果穿素服到喜庆场合，或穿大红喜服到丧葬场所，都是失礼的表现。古代关于衣冠服饰的礼仪非常多，这里只是做一管窥。

冠戴礼节

人们的穿戴仪容，与礼节也有一定关系。古人成年举行冠礼，把头发束起扎于头顶，并戴冠插笄以固定，这便是成人的仪容，此后，人们便以成人的礼节对待他。这个成年男子也要以成人的礼法要求自己、施用

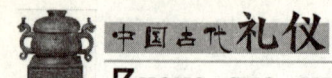

他人。

　　冠的佩戴，是礼节中的一项重要内容。有身份地位的人相见，或参加社交活动，一定要戴冠，不戴冠，头发就会披散下来。容貌不正，披头散发，也是不合礼节的一种行为表现，不仅在人前是不礼貌的，而且有失身份。东汉的伏波将军马援，未做官时，在家中非常尊敬他的嫂子，不戴冠决不进嫂子的屋子。皇帝礼敬大臣也是如此。西汉武帝时，大臣汲黯向汉武帝奏事，正巧武帝没有戴冠，武帝看见汲黯进来，急忙躲入帷中。此后，凡形容皇帝在礼节上敬重大臣，便以"不冠不见黯"称之。清代皇帝召见官员，不戴冠则不宣召，盛暑之时摘冠，则命小内侍捧立于旁，以便宣召时马上戴好。冠不仅要戴，而且要戴正，以正仪容，尤其是臣下拜见皇帝，属下拜见长官，都要先正衣冠，然后觐见。

　　古代戴着武装的帽子如皮冠、胄（头盔）见人的时候，要摘下来，这也是当时的一种礼节，因为这种皮冠、胄并不是套在发髻上的那种冠，所以摘下来头发也不会散乱。《左传·昭公二十年》记楚灵王在郊外打猎，右尹子革相见，楚灵王便摘下皮冠，以示礼敬。《左传·僖公三十三年》记秦国的军队路过周王室的北门，战车上的兵士"免胄而下"，即摘掉头盔下车，向周王室致敬。

　　另外，清代臣下向皇帝跪拜时，也要先脱帽，然后叩头。如曾国藩、翁同龢在养心殿拜见皇帝、太后，都是如此行礼。《旧京琐记·卷五·仪制》也载：被召见大臣见皇帝"入屋而跽，先去帽，曾赏花翎者必以翎向上以示敬"。

穿衣禁忌

　　衣服的穿着也有不少礼节方面的讲究。我国古代，穿衣强调不露形体，所以无论男女服装，都宽松肥大。《礼记·内则》还强调"女子出门，必拥蔽其面"，连脸都要遮盖上。袒胸露体见人，不仅是轻亵自己而且是不讲礼节的举止，也是对对方的不尊敬。官方礼制在这方面的限制尤为严厉。

　　西汉元朔三年（公元前126年），武安侯田恬因只穿短衣入朝，便被判以大不敬之罪。清代规定，凡官员入宫见皇帝，夏天不得穿亮纱，"恶其见肤也，以实地纱代之，致敬也"（《清稗类钞·服饰类·朝服之宜忌》）。即使伏天，也不能穿葛纱。总之，无论穿短衣还是长衣，只要露出体肤，便在禁止之列。违反这种规制，便是不敬，如果不穿衣服，那就是对对方的一种莫大的侮辱。《三国演义》第二十三回，曹操为了当众侮辱祢衡，在殿堂之上大宴宾客时叫祢衡为他们击鼓。祢衡以牙还牙，竟然在曹操面前脱掉衣服，裸体而立，以此来侮辱曹操。气得曹操拍案咆哮："庙堂之上，何太无礼！"短衣入朝便是"不敬"之罪了，何况裸体，难怪曹操如此大发雷霆。

穿着不仅要宽大不露体，而且要齐整。北宋太祖赵匡胤，一次晚间宣翰林学士陶穀入宫议事。陶穀进宫后，见宋太祖只穿着便衣内服，几次进去又忙退出来，左右催宣甚急，他始终彷徨不进。太祖发觉后，忙令人取袍带来，陶穀等宋太祖穿好袍服束完腰带，才急忙进去。陶穀所以逡巡不前，是因为他恪守君臣礼法，免得宋太祖衣冠不整有失为君风度仪容，君臣相见后出现尴尬局面。皇帝穿戴齐整见官员，也是对臣下的礼敬。明朝天顺年间，薛瑄入朝，英宗正"小帽短衣，闻先生奏事，为更长衣"（《玉堂丛语》卷三），赶快穿好长衣见他，以示敬重。士大夫在交际场合，尤为讲究穿戴的齐整，以保持自己的仪度，不失礼数。清代的英和，为翰林世家出身，一次拜谒翰林院前辈窦东皋，当时正是三伏天，两人在厅中早饭后即交谈，"正衣冠危坐两三时许"，可谁也不敢襟脱衣，以至"汗如雨下"，直到中午，英和才"乘间告退"（《恩福堂笔记·卷下》）。

我国古代，亲人死了要为其穿丧服，也叫穿孝。与本人关系越近，穿孝的时间越长，为父母穿孝为三年。穿孝之人见身份地位较高者，要脱去孝服，如《红楼梦》第十四回，宁府为秦可卿办丧事，路祭的北静郡王想见贾宝玉，贾政"忙回去，急命宝玉脱去孝服，领他前来"。穿孝期间，应尽可能地谢绝社交上的礼节应酬，外人去有丧事之家吊唁，则应素服前往，忌穿带色彩花红的衣服。

鞋的穿着与礼节

鞋，古代又叫作履、屣、屦等，按照制作材料及其款式的不同，还包括草鞋、木鞋、皮靴等多种名目。在古代，穿什么鞋也与礼节存在一定的关系。在椅、凳等高脚座具未使用以前，古人在堂、室之中席地而坐，为了不

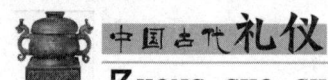

弄脏席子，登席必定要脱鞋。除此以外，由于当时端庄的坐法是采取跪的姿式，双膝着地，臀部压在双脚之上，为了避免使衣服沾上灰尘，也需要脱鞋。走进他人的堂室而脱鞋，就不仅仅是出于卫生的需要了，而且是一种雅洁性的礼貌行为，否则，便是失礼。而出去迎接宾客，则需要穿鞋，所以穿鞋迎客，也构成了当时礼节中的一项内容。

《礼记·曲礼上》曰："侍坐于长者，屦不上于堂。"就是指卑幼者陪尊长在堂上侍坐，要把鞋子脱去，而且要在门外将鞋子脱掉，不能放在堂内。《庄子·寓言》记载阳子居拜访老聃求教，到了旅舍，便是"进盥漱巾栉"，"脱履户外，膝行而前"，侍奉老子梳洗，把鞋脱在门外，跪着移动到老子面前请教。在学堂上，学生听老师讲解知识，也要这样做。所以"古人讲学之庭，户外屦恒满"（福格《听雨丛谈》卷十一"脱舄"）。春秋时期，在祠庙中祭祀祖先，或者属臣见主上、君王，不仅要脱鞋，而且要把袜子脱去，跣足即光脚，是最尊敬的礼节。东汉文学家蔡邕出迎王粲、魏吏部尚书何晏之迎王弼，史书上也都记作是"倒屣迎之"（《太平御览·卷六百九十八·屣》）。不过这里所说的"倒屣迎之"，大约只是为了形容他们热情迎客，未必真的"倒屣"。

在官场上，脱鞋礼节就实行得特别严格，甚至归入到国家礼仪制度当中。《汉官旧仪》卷上载，当时丞相府的属官掾史见丞相，就要"脱履，丞相立席后答拜"。朝廷举行大朝仪，官员上朝面见君主，必须脱掉鞋子。只有极少数受到皇帝特殊礼遇的大臣，才被特许穿鞋上殿。如西汉初的丞相萧何，因功勋卓著，汉高祖刘邦特赐可以佩剑，着履入朝堂。此后如汉末的曹操、南朝齐的萧鸾、南朝梁的相国侯景等人，也曾获得过"剑履上殿"的特权，其他"百官皆脱屦到席"。朝贺的礼仪是，皇帝升御座后，王公百官上殿先脱鞋、解下佩剑，向皇帝献完珪璧等贽礼以后下殿，再穿上鞋，挂上剑。

祭祀天帝、祖宗，要用最诚敬的礼节。因此要将鞋、袜一并除去。史载，"汉魏以后，朝祭皆跣鞋"。南朝梁天监十一年（公元512年），尚书上奏章说："今则极敬之行，莫不皆跣。清庙崇严，既绝张恒礼，凡有履行者，应皆跣袜。""诏可"，这是针对当时有不遵行庙祭脱袜的礼制，因而下诏申饬。举行郊天大典，作为"天子"的皇帝也要履行这一礼节，其时，"皇帝至南阶，脱屦、升坛"，然后在皇天神座前跪奠（《宋书·卷十四·南郊》）。

座椅等家具取代席这种座具后，脱鞋的礼节也日渐消失。清代史学家赵翼在总结这种礼节及其变化时说:"古者本以脱袜为至敬,其次则脱履。至唐,则祭祖外,无脱履之制。"这一概括大致是对的,比如唐太宗贞观年间,便已允许官员穿靴上殿。以前,不许穿北部边疆民族式的靴子进殿,自中书令马周针对这种靴子加以靴毡等饰物,就允许进殿了。唐玄宗时期,大诗人李白入皇宫陪皇帝饮酒赋诗,也曾穿靴入宫,为羞辱宦官高力士,曾借醉酒而让高力士在朝堂之上为他脱靴子。

宋代仁宗时,翰林侍读侍讲在宫中为皇帝讲经史,也是"系鞋以入。宣坐赐茶,就南壁下以次坐,复以次起讲读"。椅、凳的普及使人们的起居习俗发生变化,礼节观念也因之改变,相聚时,脱履跣足早已成为很不雅观的举止,穿着鞋子才能保持穿戴齐整,成为礼敬的行为,而且穿什么样的鞋、如何穿着,于礼节也颇有讲究。拖曳着鞋,或穿拖鞋,便是不庄重的举止。

脱履的礼俗虽然逐渐消失,但在某些场合,仍作为礼制保留着。

所以赵翼认为自唐代便"祭祖之外无脱履之制",就显得过于绝对了。

在比较隆重的庆贺大典中,相当长时间内仍沿袭着汉魏时期的古礼。唐代的元旦、冬至大朝会,其礼仪便有:应入殿官员"至解剑席,脱舄、解剑",拜贺完毕,再"降阶、佩剑、纳舄,复位"的规定。北宋仁宗天圣五年(公元1027年)元旦大朝会,也是百官至殿前阶下后,"脱剑、舄,以次升(上殿),分东西立",宋神宗时所颁行的《朝会仪》仍有这种规定。仁宗的叔父周恭肃王赵元俨,还曾被赐予"剑履上殿"的特权。

这种特权,大约只是在重大庆典的礼仪中体现,作为优礼宗王的一种殊荣。前面讲述的是唐宋时期这些互相矛盾的现象和规制,正是新旧事物在其交替阶段所表现出的混杂性。

大约在南宋以后,朝堂脱履的残余礼制即基本消失了。到了明初,朱元璋曾明令规定,"凡入殿必履",着履上殿,反而成为常朝礼仪中的内容了。

服饰的等级意义

在等级社会中,服饰是一个人身份地位的外在标志。人生天赋五官四肢,尽管有不同的相貌,但是总没有太大的差别。而他戴什么、穿什么、佩什么,在等级森严的奴隶社会和封建社会中,才表明他站在人的阶梯的哪一级。旧时有句俗语:"只认衣衫不认人。"反映的就是基于这种社会现象的势利观念。传统戏曲曲艺中这种描写是很多的。《珍珠塔》中的方卿，得志后去见势利的姑母，就特意隐去官服，穿上破衣。至于青天大老爷要深入民间了解疾苦或调查案情，不"微服""私访"就不可能了。在等级观念森严的社会里，通常在服饰上就体现出人的尊卑贵贱。董仲舒《春秋繁露·服制》说："虽有贤才美体，无其爵不敢服其服。"

据说从舜时开始，衣裳就有"十二章"的制度。十二章就是十二种图案。由于这件事记在《尚书·益稷》上，从汉代起，大儒孔安国和郑玄等人对原文的理解就有区别，又因为没有实物能够参考证明，后人的说法也很难保持一致。我们采取孔安国的说法，十二种图案是日、月、星辰、山、龙、华虫（即雉）、藻（水草）、火、粉、米、黼（斧形）、黻，天子之服十二种图案都全，诸侯之服用龙以下八种图案，卿用藻以下六种图案，大夫用藻、火、粉、米四种图案，士用藻、火两种图案。上可以兼下，下不得兼上，界限十分分明。这些图案的意义，古人说法也不一致，估计和古代的巫术有关。"日""月""星辰"代表天，"山"古人认为是登天之道，历代皇帝都要到泰山去封禅，这四种图案是皇帝独用的。"龙"是王权的象征，"华虫"近于凤，这两种图案先秦古制是天子、三公诸侯才能用的，天子用升龙，三公诸侯只能用降龙。"黼"据说以斧形象征决断，"黻"据说以亚相背之形象征善恶分明，要卿以上身份才用得。"粉""米"代表食禄丰厚，要大夫以上身份才用得。"藻"有文饰，"火"焰向上，代表着士阶以上的身份。平民穿衣，不准有文饰，称为白衣，所以后来称庶民为白丁。"谈笑有鸿儒，往来无白丁"（刘禹锡《陋室铭》），是封建士大夫标榜自己身份和风雅的句子。

在现代社会生活的人们，很难想象古人在穿衣上竟然还要遵循一定的等级规格。不仅图案，而且颜色和质料，对不同身份的人规定也不同。汉高祖八年三月到洛阳，看到华丽服饰的商人，当即下令"贾人毋得衣锦绣、绮縠、绨纻、罽"（《汉书·高帝纪》）。"士、农、工、商"，商贾位居四民之末，社会地位很低，尽管有钱，买得起锦绣绮縠，却不允许他们穿。平民只准穿布衣，诸葛亮《出师表》说："臣本布衣，躬耕于南阳。"布衣成了庶民的又一代称。不过，旧社会里"钱能通神"，尽管历代对庶民的"服禁"多如牛毛，最终对有钱的商人往往还是禁而难止。至于寒士、农民、百工，穷得"短褐不完"，不禁止他也穿不起丝织品。

春秋战国时礼崩乐坏，楚国令尹公子围参加几个诸侯国的盟会时，擅自使用诸侯一级的服饰仪仗,受到各国与会者的指责。鲁国的叔孙穆子说:"楚公子美极了,不像大夫了,简直就像国君了。一个大夫穿了诸侯的服饰,恐怕有篡位的意思吧?服饰,是内心思想的外在表现啊!"穆子果然有先见之明,公子围回国后就把郑敖杀死,自立为君主,就是历史上的楚灵王。后来,历朝都把服饰"以下僭上"看作犯禁的行为,弄得不好会丢脑袋。据说,曹植的妻子违反当时的规定穿了不该穿的绣衣,被曹操看见,"还家赐死"。曹操自己犯法可以"以发代头",对儿媳妇倒执法不阿起来。有的朝代惩罚轻些,如元朝律令,当官的倘若服饰僭上,罚停职一年,一年后降级使用;平民如果僭越,罚打五十大板,没收违反等级制度的服饰,"付告捉者充赏"(《元史·舆服志》)。即便某些时期法令稍松弛,服饰僭上的人也会受到舆论谴责。李义山《杂纂》说:"仆子著鞋袜,衣裳宽长,失仆子样。"按照当时的规定,仆人只该打裹腿、穿短衣,稍稍穿得像样些,就要被讽刺为"失本体"。清代的郑绩批评当时人画"西施浣纱图",把西施画得"满头金钗玉珥,周身锦绣衣裳"(《梦幻居画学简明》)。西施未入吴时,起初只是一个村姑,画了后来宫廷贵妇的服饰,身份对不上,就违反了历史的真实。

历代官服上的等级标志标记不尽相同。"十二章"古制后来被改革掉了。如明代官员的公服用花来表示。一品官用圆径五寸的大独科花,二品用三寸的小独科花,三品用二寸没有枝叶的散花,四品、五品用一寸半的小杂花,六品、七品用一寸的小杂花。八品、九品没有花,上海俗语所谓"呒啥花头"。这是上朝奏事、谢恩时穿的。官员平时办公穿的常服图案又有不同,文官一律用鸟类来区别等级高低:一品仙鹤,二品锦鸡,三品孔雀,四品云雁,五品白鹇,六品鹭鸶,七品鸂鶒,八品黄鹂,九品鹌鹑;武官一律用兽类来划分上下不同:一品、二品狮子,三品、四品虎豹,五品熊罴,六品、七品彪,八品犀牛,九品海马。此外,冠饰、束带、佩带物等,都以不同形制表现等级之分。如清朝冠顶上东珠的多少有无,宝石的颜色大小,从皇子亲王到七品芝麻官,按照封建等级制度的尊卑贵贱,都有严格的规定。八品以下,珠也没有,宝石也没有,是个光顶了。

这种用服饰来区分身份等级的现象,不仅在官场十分流行,就是平民百姓中也非常时兴。鲁迅笔下咸亨酒店里的顾客就分成两等:上等人是穿长衫的,下等人是穿短打的。衣着不同,待遇也不同:穿长衫的是坐着喝酒的,穿短打的是站着喝酒的。穿长衫而坐不起雅座,只好站着喝的,在各种文献

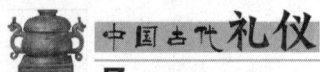

小说记载中，只有孔乙己一个人。他没有自食其力的本事，实际上比穿短打的更潦倒，一只脚已经站在社会阶梯的最底层。但他是万万不肯脱下那破旧的长衫的，不肯放下"之乎者也"那点架子，另一只脚还要竭力在稍上边一层阶梯上挨个边儿。

《红楼梦》第一回甄士隐解《好了歌》道："因嫌纱帽小，致使枷锁扛。昨怜破袄寒，今嫌紫蟒长。"在等级社会中，透过不断变换的服饰，上演了太多太多的人间悲喜剧。

知识链接

汉代的"非其人不得服其服"

汉高祖刘邦出身低微，但乱世出英雄，登上了皇帝宝座。在打天下的时候，他重视武将，讨厌儒生，有人戴了儒冠见他，他竟摘下它往里撒尿（《汉书·郦食其传》）。儒生叔孙通善观风色，知道刘邦这个脾气，在他面前穿短衣，刘邦见了很喜欢。天下坐稳以后，有的武臣在刘邦面前不知上下，宴饮醉酒，争功妄呼，拔剑击柱，一点规矩也没有。刘邦心里着恼，却又无可奈何。此时叔孙通就说"儒者打天下不行，保天下有办法"，出主意参照先秦古制，制定服色礼仪，强化等级制度，臣子朝见天子要遵守严格的礼数。刘邦深感做皇帝确实威风，不禁叹道："吾乃今日知为皇帝之贵也。"（《汉书·叔孙通传》）在这套礼数中，规定用不同服饰来区别上下尊卑是一个重要内容。所谓"非其人不得服其服"（《后汉书·舆服志》），"贵贱有级，服位有等……天下见其服而知贵贱"（贾谊《新书·服疑》）。不仅龙袍凤冠成为帝后的专用服饰，群臣百姓也用服饰来区别上下等级。

帝王服饰

第五章

气象万千——正统礼仪与民间礼仪

礼仪是在人际交往中,以一定的、约定俗成的程序方式来表现律己敬人的过程,涉及穿着、交往、沟通、情商等内容。礼仪是一种待人接物的行为规范,也是交往的艺术。它是人们在社会交往中由于受历史传统、风俗习惯、宗教信仰、时代潮流等因素而形成,既为人们所认同,又为人们所遵守,是以建立和谐关系为目的的各种符合交往要求的行为准则和规范的总和。

第一节
君国之礼

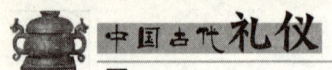

常朝朝仪

常朝朝仪是指中国古代帝王召见臣僚,听取大臣们的汇报、请示,处理各项政务时举行的朝仪。中国古代的常朝因皇帝登朝时间的不同,而有早朝、午朝、晚朝的不同;因觐见人员身份的不同,而有皇太子朝、诸王朝、诸司朝觐、藩属来朝等的区别。朝见次数也因皇帝或事务繁简的情况而不同。如有的皇帝几乎要天天登朝临殿,而有的皇帝根据事务繁忙与否来决定举行常朝的时间和日期,也有的规定每月朔(初一)、望(十五)为常朝日,或每月逢五(初五、十五、二十五)为常朝日。完全委派一些心腹重臣代为处理军国政务的现象时有发生,这样的皇帝往往沉溺于自己的玩乐而长期不上朝。但"常朝"与"大朝"相比而言,毕竟要更频繁一些,因此叫做"常朝"。

常朝因为有例行公事之意,所以礼仪相对都比较简单。仪仗、护卫的陈设都较为实用,参见官员都身穿朝服按时、按班、各就各位。随着乐队奏乐的响起,皇帝开始出宫。随着乐队奏乐的停止,皇帝御殿,升座。文武各官行一拜礼参见皇帝,有关官员按部出班奏事。皇帝听取各官及宰辅汇报和意见后,或当场裁决,命有关部门和官员具体执行办理;或交予某部门或某几个部门就某事提出建议或处理意见。如皇帝认为某部门或某几个部门提出的建议切实可行,在征求了其他有关官员的意见后,就命令有关部门和官员去执行。反之,如皇帝对有关部门和官员提出的意见不满意,或者某些官员另有异议,就交有关部门再议,或者由皇帝裁定。皇帝是最后论定曲直、优劣,

第五章 气象万千——正统礼仪与民间礼仪

给予评价的裁定者。各部门的官员只是将各种重大事务办理结果上交的汇报者。总之，在中国古代社会，封建皇帝处于至高无上、君临天下的"天之骄子"的特殊地位，对各种有关军国大事都享有最终的决断和处置权。如果皇帝较为开明，并且能励精图治，就会兼听则明地听取采纳各方面的意见，尽量把各种军政事务处置得更加公允、合理。如隋唐以前每遇军政大事，一些较为开明的君主，就会交给各主要部门的重要官员，通过"廷议"共同商讨决定。独断专行的皇帝就会刚愎自用，不听有关官员的意见，而是只根据自己的好恶感情来处理政事。更有些皇帝昏庸、骄淫，只顾自己享乐，哪管天下有什么东南西北风，他们很少举行常朝，临朝处理有关军政大事，只是把政务委托给朝廷有关重臣或身边的宦官、宗室和外戚处置，自己乐得优哉游哉，安享太平天子之福。

举办朝仪是每位皇帝临朝理政必做的一件事，不管他是明君还是昏君。而在常朝朝仪中，最重要的是要把君贵臣贱、君重臣轻，以及"礼贵尊尊"的尊卑等级秩序显示出来。为此，朝仪中的班序、位次就显得至关重要。所以中国古代历朝历代在订立朝仪时，都非常强调官员上朝时的班序问题。在文武官员不分职设班时，朝仪班序一般按爵次的高低分别：爵秩尊崇者在前，爵秩低微者在后；职务重要者在前，职务较轻者在后。对于一些胆敢提出非议的人会被认为是藐视皇帝，并按其刑罚论处。如西汉时的汲黯为官清廉、忠直，但因为多次犯颜直谏，虽然政绩显著，但是不能得到汉武帝的青睐，长期没有受到提拔，以至于许多过去在他手下担任"掾""属"等一类职位的小官吏擢升得比他还位高爵尊，这

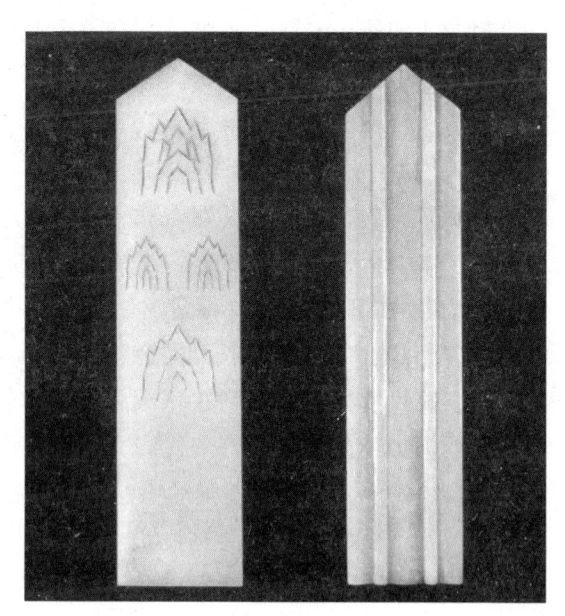

上朝所用玉笏

145

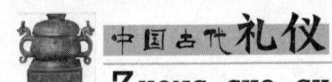

些人上朝时往往站在他前面，而他却只能尾随在这些人之后，这使他感到非常难堪，因此他在汉武帝面前发出了"陛下用群臣如积薪尔，后来居上"的怨言，结果险遭不测。自秦朝以后，文武官员分职设班，文武官员上朝时一般按文东、武西站班。在此有几点需要指明的是：

第一，在古代帝王上朝时，文武百官因受到一定的品秩或职能限制，并不是每天都要上朝的。如唐代就规定：所有的文武官员，凡职事在九品以上的，要在每月的初一、十五上朝参见皇帝。而五品以上有专门职掌的文武官员，如监察御史、员外郎、太常博士等每天都要上朝参拜皇上。另外，有专门职掌的五品以上的文武官员，每月初五、十一、二十一、二十五要专门参拜皇上，参议某些军政大事；而三品以上的官员，每月初九、十五、二十九还需要再次参拜皇上奏报公务，参议决策重大的军政要事。与此相对应，五品以上，但没有专门职任的散官，及各部门的值班官员各随职能事务参见，并不一定按例参拜。而文官充任翰林学士、皇太子侍读、诸王侍读者，或武官担任禁军职事官的人也可以不按规定参拜皇上。此外，凡是遇到天降大雨导致道路泥泞不能行走，文武官员可停止参拜；如果官员的家中有丧事发生，也可免予参拜。

第二，即使在参拜的时候，不是每位文武官员都按照文官在东，武官在西排班。如中国古代历朝行朝仪时都要设监察御史等官员纠检参加朝会的官员的仪容、行为，设镇殿将军等武官率禁军负责安全保卫。这些官员理所当然地不入班就序。而唐宋时的中书、门下官员（如侍中、中书令、同中书门下平章事）与文班供奉官（左右散骑常侍、门下侍郎、中书侍郎、谏议大夫、给事中、中书舍人、起居郎、起居舍人、左右补阙、左右拾遗、通事舍人），都要各按自身的职次品级在横班（一般是宫中正殿门外北边的台阶上）排序。殿中省官的监、少监及尚衣、尚舍、尚辇、奉御等禁省中的事务性官员要各随伞、扇等仪仗分左右排列在正殿之上，皇帝的宝座两侧。武班供奉官员一般从便殿（唐代的宣政殿，宋代的文德殿）门前顺序排列到正殿门外北边的台阶下。他们由北向南的排列顺序是：千牛连成一行站立，其次是千牛郎将，其次是千牛将军一人，其次是过状中郎将一人，其次是接状中郎将一人，其次是押柱中郎将一人，其次又是一位押柱中郎将，其次是排阶中郎将一人，最后是押散手中郎将一人。金吾左右两位大将军在进入正殿之后，会在御座左右的两个夹阶上分别站立。从南向北的次序是：千牛将军一人，其次是千牛郎将一人，其次又是千牛将军一人，其次是一行千牛。立柱之外，先是过状中郎将一人，其次是接状中郎将一人，其次是押柱中郎将一人，其次又是一位押柱中郎将，其次是排阶中郎将一人，其次是排散手中郎将一人，而所有的金吾将军都分开在左右站立。

第三，不是所有的常朝朝仪都必须在朝廷正殿举行，有时也在便殿举行。比如在唐宋时期，每月的初一、十五日，因皇帝要致祭先帝陵寝，不能临正殿接见群臣，往往在一个便殿中（唐代一般在宣政殿，宋代一般在文德殿）接参朝臣。

第四，有些朝代对官员的上朝服饰也有明确规定。如根据《唐会要》卷二十五记载，唐王朝曾规定：所有的九品以上，初一、十五应参加朝仪的文武官员，在十月一日以后，二月二十日以前都要穿袴褶（袴为裤的异体字，是中国古代特制的一种供骑马时穿着的衣服，也称裤褶）。

下面我们将唐宋时期的朝仪班序作一概略介绍，因其在中国古代的朝仪班序中是较有代表性的。

唐宋官员上朝时，除职事官和供奉官外，文武官员通常在正殿的庭院中站班。如唐代官员一般在含元殿前龙尾道下或通乾观象门外序班。如在含元殿前龙尾道下叙班则文东、武西，如果在通乾观象门外序班则文班在前、武班在后。

其中文班每班以尚书省官为首，各班班次依次为：

一品班：三太（太师、太傅、太保）、三公（宰相、御史大夫、太尉）、太子三太（太子太师、太子太傅、太子太保）、嗣郡王（世袭郡王）、散官仪同三司（有仪同三司职衔但无固定职掌的官员）、爵开国公（有开国公的爵位者）。

二品班：尚书左右仆射、太子三少（太子少师、太子少傅、太子少保）、京兆尹、大都督、大都护、河南牧、散官特进（有特进的职衔但无固定职掌的官员）、光禄大夫、爵开国郡公（有开国郡公的爵位者）、开国县公以及勋官中的上柱国、柱国。

三品班：六司尚书（吏、户、礼、兵、刑、工六部的尚书）、太子宾客、九寺卿、国子祭酒、三监京兆、七府尹、亲王太傅、詹事、中都督、上都护、

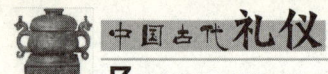

下都护、下都督、上班刺史、五大都督府长史、上都督府之下都护、散官金紫光禄大夫（有金紫光禄大夫职衔无固定职务的官员）、开国侯以及勋官中的上护军、护军。

四品班：尚书左右丞、六部侍郎、太常少卿、宗正少卿、左右庶子、秘书正监、左右七寺少卿、国子司业、少府、秘书少监、京兆少尹、河南少尹、太原少尹、少詹事、左右谕德、率更令、家令、率更仆、亲王府长史、亲王府司马、凤翔少府、中州刺史、下州刺史、大都督司马、大都护司马、散官正义大夫（有正义大夫头衔无固定职务的官员）、通议大夫、太中大夫、中大夫、有开国伯爵位者以及勋官中的上轻车都尉、轻车都尉。

五品班：六部尚书郎中、国子监博士、都水司使者、万年等六个京兆尹所管辖的上等县的县令、太常秘书丞、宗正秘书丞、著作郎、殿中中丞、尚食、尚药、尚舍、尚辇、奉御、大理正、中允、左右赞善、中书舍人、洗马、亲王谘议友、散官中的中散大夫、朝请大夫、朝散大夫与有开国子、开国男爵位者以及勋官中的上骑都尉、骑都尉。

武班五品班的班序依次是：

一品班：郡王、散官中的骠骑大将军及有国公爵位者。

二品班：散官中的辅国大将军、镇国大将军与有开国郡公、开国县公爵位者以及勋官中的上柱国、柱国。

三品班：左右卫大将军、左右金吾卫大将军、左右骁卫大将军、左右武卫大将军、左右威卫大将军、左右领军卫大将军、左右监门卫大将军、左右千牛卫大将军、各卫将军与散官中的冠军大将军、云麾将军、有开国侯爵位者以及勋官中的上护军、护军。

四品班：左右千牛卫中郎将、左右监门卫中郎将、亲勋翊卫中郎将、太子右卫、太子左右卫司率、清道内率、监门副率、太子亲勋翊中郎将、上府折冲都尉、中府折冲都尉、散官中的忠武将军、壮武将军、宣威将军、明威将军与有开国伯爵位者以及勋官中的上轻车都尉、轻车都尉。

五品班：亲勋翊卫郎将军、太子亲勋翊卫郎将军、亲王府典军、亲王府副典军、下府折冲都尉、上府果毅都尉、散官中的定远将军、宁远将军、游骑将军、游击将军与有开国子、开国男爵位者以及勋官中的上骑都尉、骑都尉。

有事预先请假的人可以不上朝，上朝时一行的人数在 7 个以上。五品以下的低级官员上朝时，一般要按官阶等级高低依次站立在正殿南面的台阶下。此外检校官、兼官及摄官、知官、试官、判官一般要站在同等职位的正官之后。如果有正官同时任兼官、摄官、知官、试官、判官等职务的官员，应按正官官位序班位。除持节兼任留守、副元帅、都统、节度使、观察使、都团练使、都防御使、大都护、大都督等武官者，都要在武官品位中序班列位。

卤簿车仗

卤簿车仗包括车驾、旌旗、仪卫等部分，它是古代礼仪制度中的构成之一。与礼制的其他制度一样，它也有不同的等级规定。

车驾，古代称作舆、辇、辂乘或车等。车在古代用途很广，既可载人，用作代步工具，又是征伐作战的武器，如战车等；还可以装载货物，长途运输，称为辎车；有时还用于刑罚。礼仪制度中规定，只有帝王之乘被称为车驾。帝王之乘还被单称一个"辇"字，凤辇即帝王车乘，凤辇即皇后车乘。这两种名称为帝王专用，始自于秦、汉时期，"秦以辇为人君之乘"（《通典·礼二六》）。辇或马拉，或人挽，帝王之乘需用 4 匹毛色相同的马牵拉，称为钧驷。到南朝时，辇又进一步改进，萧齐时有了"卧辇"，皇帝出巡时，坐累了还可以躺下睡觉。萧梁时又制成了"步舆"，方 4 尺，这样皇帝上殿可坐它，由侍从抬至陛上。到隋朝，步辇便正式成为皇帝的车驾之一，也就是所谓的轿。唐代曾制定了皇帝乘坐的七种辇：大凤辇、大芳辇、仙游辇、小轻辇、芳亭辇、大玉辇、小玉辇；三种舆：五色舆、常平舆、腰舆。这些辇和舆都装饰得十分精美，如宋初承袭唐制制造的大辇，为正方形，红底油画，外表装饰着金涂银叶和龙凤图案。四面绘有行龙、云气图案等。四个角上嵌着四个龙头，龙口衔香囊。用红绫作里，碧牙压帖的银莲花坐龙布置在车顶中央。车内中间铺有黄褥，上置御座、扶几、香炉等物，车内还摆设圆镜、银丝香囊、银饰勾栏等。由于这种辇十分笨重，因而挽辇者多达 64 人，到宋真宗时不得不对大辇进行改造、简化，仅重量就减少了 350 千克以上。尽管如此，大辇仍是一个"庞然大物"，南宋

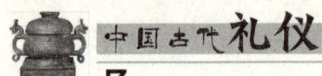

初年修造的大辇高5.1米,每边长约3.9米。

玉辂、金辂、象辂、革辂、木辂这五种辂,通常称为五辂,它们也是车驾中的类型。这五种辂的式样大体相同,只是颜色和装饰不同,每种辂都以6匹马驾车,另有40到60名驾士。古代帝王贵族外出还有指南车以示方向,记里鼓车用以计算里程,每行500米,便由车上的木人击鼓一下。车驾除供帝王乘坐之外,也作为礼仪活动时的陈设之物,宋代就有规定,凡是大朝会、册命皇太子或诸王大臣,就将五辂设摆于大庆殿的庭院中。

至于皇太子及皇后、妃、嫔等都有专供他(她)们使用的车乘,当然车的大小、颜色、装饰、式样依地位的高下而有差异,但也极尽奢华精美。

帝王出巡时的卤簿规模非常宏大,前拥后簇,车乘相衔,旌旗招展,充分显示出帝王至尊的地位。按规模的大小,分为大驾、法驾、小驾三等。大驾,公卿奉引,太仆、大将军参乘(陪乘或陪坐),属车81乘,此外还要备车千乘,骑兵万余。法驾,则由侍中参乘,属车36乘。小驾的规模则更小,有时仅由直事尚书侍从。大驾、法驾以及小驾都有相当可观的护驾仪卫兵仗

步辇图

第五章 气象万千——正统礼仪与民间礼仪

人数。

根据唐代《开元礼》中的"大驾卤簿",皇帝出巡时的仪仗大致如下排列:先导仪卫(称为导驾),是"大驾卤簿"的先头仪仗队。最前面是万年县令、京兆(长安)牧、太常卿、司徒、御史大夫、兵部尚书,各乘辂依次行进,实为开道。后面的"清游队"负责清道。队前并排两面白泽旗,旗手后面各随一名金吾折冲(武将),两将各领40名骑兵。两队骑兵之后,各随一名金吾大将军、金吾果毅(均为武将)及40名骑兵、24名外铁甲骑兵,以及并排六行的步甲队。然后是一面朱雀旗,由一名骑手执旗,旗后随一员金吾折冲都尉,领40名手持横刀,或持弓弩的骑士。随后便是12面龙旗,分两排行进。紧随其后的是指南车、记里鼓车、白鹭车、鸾旗车、辟恶车、皮轩车,各驾4匹马,驾士14人。至此,导驾仪仗才结束。接下来,便是引驾仪仗。由朝廷文武官员组成的引驾,与导驾的不同就在于引驾以乐、仗为主。引驾的前导是12排、每排两人的骑兵卫队,各持横刀、弓箭,相隔排列。尾随其后是一支庞大的鼓吹乐队,乐队前有两名鼓吹令负责指挥,乐队的乐器以各种鼓为主,有枫鼓、大鼓、铙鼓、节鼓、小鼓、羽葆鼓等,还有吹奏乐器笛、箫等,以及金钲等敲击乐器。整个乐队人数多达750余人。乐队之后,又是各种幡、幢、旌旗,其间也夹杂着文武官员,和皇帝的24匹御马。青龙旗与白虎旗分列左右的后面,虽然中间还穿插着手持兵器的骑士或步甲,但这已进入了朝廷官员的队伍。队伍之后,才是皇帝乘坐的玉辂。紧跟玉辂的是禁军的高级将领和宦官。玉辂为青色,用玉装饰,由太仆卿驾驭,另有41位驾士簇拥前后。玉辂两侧各有左、右卫大将军(高级武将)担任护驾。

仪仗的核心就是皇帝所乘坐的车驾,因而那里的警卫戒备也更为森严,一共有九队禁兵,每队或35人,或30人,每人刀、箭齐备,随时准备应付突发的情况。卫队之后,则是各种扇、麾等仗。其后又是"后部鼓吹"乐队,乐器与玉辂前的鼓吹乐队差不多,只是规模小些,乐工近300人。排在乐队后面的,还是皇帝专用的各种车驾:方辇、小辇、小舆、金辂、象辂、革辂、五副辂、耕根车、安车、四望车、羊车、属车、黄钺车、豹尾车等。车队之中,除卫队之外,朝廷官署要员也分别随车骑马而进。车队之后,又是由武将军官率领的步甲队、骑兵队及兵仗队,每队各以一面旗帜为前导,其人数

中国古代礼仪
ZHONG GUO GU DAI LI YI

帝王出行图

多达2000多人。若计算全部仪仗人数，竟可达到5000人左右。车仗仪卫，浩浩荡荡，首尾相望，连绵数里。宋朝时，皇帝的"大驾卤簿"一般都在1万人左右。宋太宗至道年间的仪仗，仅步、骑兵仗竟多至1.9198万人。法驾规模比大驾小，随从的官员、车驾、仪卫有不同程度的减少，其中清游队等仪卫减少1/4，鼓吹乐减去1/3。小驾的仪卫、乐队只相当于大驾的一半，除玉辂之外，其他车辆几乎全部减去。

　　卤簿不只是帝王的专利，皇太后、皇后、皇太子、亲王、妃嫔等，也有大小不一的卤簿。至于各级朝廷官员和地方长官也按品级规定有仪卫兵仗，在外出时侍从护卫，也显示了官僚们的威严和权势。官僚们的卤簿远没有皇帝、太子规模宏大，也比不上亲王、太后和皇后，不过仪仗也是前有清道，即所谓的"鸣锣开道"者，再有兵甲骑士，持刀盾弓箭护卫前后，又有鼓吹乐队随行，僚佐属官随从左右。当然这些仪仗都是在重大的朝会活动及举行婚、丧等礼仪之前，由朝廷临时派遣的，事毕，仪仗还需还宫交差。而且唐代规定四品以上的职事官（有实际职掌的官员）也能有随从仪仗，其他官员则不可以。宋代则规定为三品以上。

卤簿自五代北汉王朝开始成为皇帝在宫城内行走的仪仗制度，而不仅仅作为帝王及高级僚佐们外出时的仪卫扈从，由此卤簿还被称为"宫中导从之制"。因是在宫内活动，仪仗规模很小，也不需要兵甲卫队、旌旗鼓乐，更没有那么多随行的官员，一般只有侍从掌扇、执红丝拂、香炉、香盘等物跟随左右。值得一提的是，"宫中导从"的仪仗中，出现了金灌器、唾壶。灌壶是一种盥洗用具，盛水用来洗净双手。唾壶是专供吐痰用的容器，即后代所说的痰盂。这两件用具出现在仪仗中，反映出宫廷中崇尚卫生的风气。在中国历史上，许多朝代都曾规定宫内不准随地吐痰，如有违犯者要给予处置。辽代就曾规定官员上朝，必须跟随一名侍从，手捧唾壶，以供官员吐痰之用。古代除了行走时的仪仗外，还有典礼仪式上的仪仗，如祭祀仪仗、婚礼仪仗、殡葬仪仗等，其中，朝会时的仪仗为历朝统治者所重视。旌旗、兵甲仍是这种被叫做"殿廷立仗"的朝会仪仗的主要组成部分。凡遇重大的朝会典礼，例如正旦（即元旦，正月初一）、冬至朝会，皇太子受册，加元服（即帽子，指皇太子行冠礼），册命诸王、大臣，宴请外国使臣等，自宫门直至举行典礼的大殿，遍布着兵士，各种名目的旗帜立于大殿前的庭院之中。其作用不仅在于护卫，增添典礼的气氛，更显示一个政权的威严、兴盛和强大。

毕竟复杂繁缛、等级森严、穷奢极丽还是卤簿车仗这种制度的主要特征。今天看来，是古代统治者排场、铺张的具体表现，也是表现自己尊贵、显赫的重要形式。

交聘礼仪

先秦时代，各个诸侯国之间具有非常频繁的聘问活动。此外，还有非常繁缛的礼仪。特别到了春秋战国时代，五霸争雄，七国并峙。各国关系错综复杂，使者冠盖相望于道。仅据《春秋》记载，公元242年间的朝聘、盟会等外交活动就高达450次。

当时，诸侯朝聘天子、诸侯相互聘问已成定制，即所谓"比年一小聘，三年一大聘，五年一朝"。据《仪礼·聘礼》记载："君与卿图事，遂命使者

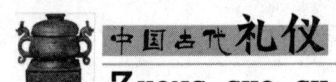

与介。"使者就是指聘国派出去往他国的外交使者,又称之为宾。宾的级别要根据聘问活动的规格来决定,通常是"小聘使大夫,大聘使卿,朝则君自行"。所谓介,是指使者的随行人员。介的多少,取决于使者的爵位,一般"上公七介,侯伯五介,子男三介"。介又可区分为上介和众介。上介是外交使团的副使,地位仅次于使者,负责协助使者办理各项出使事务,如遇使者病死等特殊情况,可代行使者职务。众介指除上介以外的其余随行人员。如果使者的身份是卿,或上大夫,那么上介的身份就是大夫,众介的身份至少也是士。与此相对应,受聘问的主国国君也要任命一些接待宾介,引导礼仪的人员,这些人一般通称为摈。摈也有不同的等级。《仪礼·聘礼》记载:"卿为上摈,大夫为承摈,士为绍摈。"

使者出访乘车,车后载旜,"旜,旌旗属也。载之者,所以表识其事也"。使者到达主国的国境和近郊之际,要"张旜",用来表示使者将要到这个国家访问。在旅途上,一般要"敛旜",因为"此行道耳,未有事也"。

《周礼》规定,行交聘礼时,出使国要先确定使者、聘礼出使路线,然后使者受命拜别国君。使者沿途经过各国时,要行"过邦假道"之礼。如不假道而径行,就是把他国看做自己的边鄙邑县,就是侵犯别国的主权。如《左传·宣公十四年》记载,楚子自恃强大,在派遣申舟出使齐国时,明确地指示他"无假道于宋",结果遭到宋人的阻拦。宋国大臣华元义正词严地指出:"过我而不假道,鄙我也。鄙我,亡也。杀其使者,必伐我。伐我,亦亡也。亡一也。"于是杀了申舟。至于天子出行,则无须借路,因为"普天之下,莫非王土"。只是,到了战国时期,因为王室没有多少实权,只剩下天子的名声,所以哪怕是王室的出使大臣,也必须在过邦的时候借路。如《国语·周语》记载说:"定王使单襄公聘于宋,遂假道于陈以聘于楚。"

聘礼属于"五礼"中的宾礼,属于列国诸侯相互聘问所要遵循的礼仪。这个礼仪大致分为六个主要仪节。第一是郊劳。当使者到了主国的近郊(离国都约15千米的地方)时,主国国君要派遣卿前往迎接,并以束帛慰劳。之后,便将使者安排到宾馆,并设宴款待。第二是聘享。这是聘礼中最主要的仪节。可分为聘与享两个部分,都在宗庙举行。除此之外,使者还要向国君夫人行聘享礼。第三是私觌。又称私面,是指使者以私人的身份面见主国国

第五章 气象万千——正统礼仪与民间礼仪

君及公卿，并赠送一些钱财。公卿在受币后，按礼应设宴招待，并回致币帛，否则就是不以贵宾之礼相待。第四是飨宾。指国君设宴酬谢使者。在宴会进行中，主宾往往赋诗酬酢。第五是馆宾。使者即将启程回国，主国国君派卿把圭、璋送还使者。古代以玉比德，将玉送还，有德不可取之于人的意思。之后，国君还要亲临馆舍，以拜谢聘君与使者的修好之谊。第六是馈赠。使者始发，宿于近郊。主国国君派卿馈赠给使者与觌币相当的礼品，以表示礼尚往来。使者回国要向国君汇报，如在出使过程中遇丧事要行特殊礼仪。除此之外，聘问时还要留心各种具体的小细节，以下按上述次序对《仪礼》所述交聘礼仪进行概述。

国君和卿谋议聘问的事情，接着任命使者。使者两次行拜礼，行稽首礼，辞谢。国君不准许，然后使者退回原位。谋议出使事情后，也像任命使者一样任命上介。

第二天，使者身穿朝服在祢庙（祭祀神灵的家庙）陈列礼物。属吏在室中铺席设几。祝（家庙管理者）首先走进室内，使者紧跟其后进入室内。使者在右边，两次行拜礼。祝向神灵报告。

上介和众介在使者的门外等候。使者在车上设置旞旌（用羽毛装饰的旗子），率领众介在燕朝接受使命。国君面朝南方穿上朝服。卿大夫面朝西，以北边为上位。国君派卿让使者入朝。使者率众介入朝，面朝北以东边为上位。国君拱手行礼，使者进前，上介站在使者左边，继续接受国君的命令。

出使队伍抵达主国国境，派人把旞旌系在车上，立誓遵守礼仪制度，然后才通报守关人。守关人问随从几人，使者让介回答。主国君主派士询问事情始末后，命人带领其踏入国境，然后将旞旌收起，开始查看礼物。铺幕，使者穿朝服，站在幕的东边，面朝西。众介都面朝北，以东边为上位。贾人面朝北坐下，擦拭圭玉，接着打开木匣。上介面朝北查看，退后返回原位。然后陈列兽皮，头部朝北以西边为上位。又擦拭璧玉并展示，和束帛一起放到左边的兽皮上。上介查看后退回。在幕的南边拴马球，马头一致朝北，束帛放在马前的幕上。接着按同样的礼仪展示国君夫人的行聘、进献礼物。最后展示众人的束帛。这一礼仪在到达主国国都的远郊和馆舍后都要重复进行一次。

第二天，下大夫到馆舍迎接使者，使者穿皮弁服，到治朝行聘问的礼仪。使者进入门外的帐幕，开始陈列礼物。卿充当上摈，大夫充当承摈，士充当绍摈。国君穿皮弁服，在大门内迎接主宾。大夫引导使者从门的左侧进入，国君两次行拜礼，使者避开不回拜。每逢进门、转弯，国君都拱手行礼请使者，到庙门后，国君拱手行礼进门，站在中庭（庭院的中部），使者站在接近西塾（西厢房）的位置。上摈出庙门邀请使者，并传话。贾人面朝东坐下，打开木匣，取出圭玉，丝垫悬垂，不站起而交给上介。上介拿着圭玉，折起丝垫，交给使者。上摈进庙向国君报告，出来，辞谢圭玉，然后引导使者和众介从门的左边进庙，以西边为上位，面朝北而站。国君和使者三次拱手行礼，到堂下的台阶前再谦让三次，国君先登上两级台阶，使者登堂后，站在西楹（堂前的柱子）的西边，面朝东。上摈退回中庭。使者转达自己国君的命令，主国国君向左转身，面向北。上摈进前到东阶的西边。国君两次对着横梁行拜礼，使者背向西墙三次躲闪。国君独自加穿裼衣（罩在裘衣外面的罩衣），在中堂和东楹中间接受圭玉。上摈退回，背向东塾站立。使者下堂，介按与进门时相反的顺序出门。使者出门。国君亲自把圭玉交给太宰，露出裼衣，捧着上面放璧的束帛进献。上摈进内报告国君，出门接受礼物。使者从门的左边进庙，像起初一样拱手行礼、谦让登堂，转达自己国君的命令，拿兽皮的随从张开兽皮。国君两次行拜礼，接过束帛，并派士接受兽皮。然后使者用璋向国君夫人行聘问礼，并进献琮，礼仪形制规格完全和聘问国君的礼仪一样。最后上摈出门请问使者还有何事，使者要报告说公事已经结束，只是他私人请求拜见国君。

上按走进殿内报告此事，在出来辞谢的时候请求按照礼仪规格款待使者，使者象征性地辞谢一次后便听其吩咐行事。上摈进内报告，宰夫撤掉几改换筵席。国君像原先一样拱手谦让迎接使者进入。

使者手捧束帛，两人牵着四匹有装饰的马从门的右边进入，面朝北放下束帛，两次行拜礼，行稽首礼。传话的摈者辞谢，使者出门，摈者坐下取束帛，出门。牵马的两个属吏跟在后面出门，在东塾的南边面朝西站立。摈者请求按客人的礼节接受会见，使者辞谢一次就听从了，用右手牵着马进入庭

第五章 气象万千——正统礼仪与民间礼仪

中陈列。使者捧着束帛带领众介从门的左边进入，以西边为上位。国君像原先一样拱手谦让、登堂，面朝北两次行拜礼。使者躲避三次，转身向西，再转身向东，背向西墙站立，然后用衣袖向里撑拂束帛，进前与东楹平齐，面朝北交给国君。接受马的士从前边转身，从牵马人身后到他的右边，牵着马从使者前边往西然后出门，使者下堂，在西阶的东边为送马行拜礼，国君走下一级台阶辞谢。

摈者在出门之前会询问使者还有什么没有解决的事情，使者回答事情都已完成。摈者进去报告国君，国君给使者送行，询问使者的国君居处如何。使者回答，国君两次行拜礼。国君又问使者国家的卿如何，使者回答。国君再问询使者路途辛苦，介都两次行拜礼，行稽首礼，国君回拜，使者出大门，国君两次行拜礼送行。

使者请求向主国的大夫问询先前到馆舍慰劳的事，国君推辞一次，准许了。使者到馆舍，卿大夫到馆舍慰劳使者，使者不见，大夫把雁放下，两次行拜礼，上介接受。慰劳下介也是一样。

下大夫做摈者，摈者出门请问什么事，卿穿朝服到大门外迎接，两次行拜礼，使者不回拜。卿拱手行礼，先进大门，每过一门或转弯处大家都会拱手行礼。到庙门时，卿拱手行礼进入，摈者请求命令。庭中放四张鹿皮做礼物。使者捧着束帛进入，三次拱手行礼，并前行。身穿朝服的使者去拜访卿，卿若接受礼物必须在祖庙中进行。

国君派卿前往使者的馆舍送还圭玉，使者加穿裼衣到大门外迎接，不行拜礼，引导大夫进入，大夫从西阶登堂，从西楹柱西边绕过往东到堂中。使者在碑的北面听取国君的命令，从西阶登堂，从大夫左边过来面朝南接受圭玉，退后背向右站立。大夫下堂到中庭。使者下堂，在碑的北边面朝东，在东阶东边把圭玉交还给上介。上介出去请问何事，使者出迎，大夫如同原先进入一样行礼送还璋玉。使者露出裼衣，迎接，大夫赠送给使者一束色纱绢。行聘礼用的璧、束帛、鹿皮，都按送还圭玉的礼仪送还。大夫出门，使者送行，不行拜礼。

主国国君前往馆舍拜谢使者，使者回避。上介佐助使者听取国君的命令，为使者向国君行聘问、进献礼，向夫人行聘问、进献礼。国君返回，使者跟

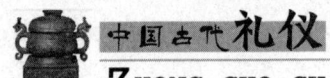

随着到外朝请示，国君辞谢，使者返回。

使者在返回本国之前，在外朝将成双的禽鸟赠送给主国国君并行三次拜礼。主国侍奉使者的人听凭他行礼。使者启程，住宿在主国国都的近郊，主国国君派赠人像相见时一样赠送束帛，使者在住处门外接受，行如同接受慰问时的礼仪。国君派下大夫这样赠上介礼物，派士赠送众介礼物。士送他们到国境。

第二节
尊老敬贤

尊老尚齿

所谓尊老，就是指对老者或长者的敬重与尊敬。尚齿是指对年长者要尊崇，以礼相待。

在古代，尊老尚齿所指向的人群可以包括以下三个方面。

一是依照家族谱系上的行辈划分的本家族中的长辈。"周人贵亲而尚齿"说的就是家族中依靠血缘关系来决定尊卑等级，施以不同的尊崇之礼。父系氏族社会，族亲的关系是从男性的角度来划分的，而且这种划分一直沿用至今。因父亲、自己和儿子的血缘关系最近，所以，古人将父、己、子作为家族的中心，以此为基点，向纵横两个方向延伸，形成庞大的家族体系。纵向而言，古代一般扩展到九族。按照"以三为五""以五为九"的原则来扩展。即父、己、子为三代，向上下扩展成祖、父、己、子、孙五代，再由这五代扩展为高祖、曾祖、祖、父、己、子、孙、曾孙、玄孙九代。横向而言，除高祖和玄孙外，每一个层次的辈分又可以有同辈并列，

第五章 气象万千——正统礼仪与民间礼仪

如自己这一辈分还包括堂兄、从堂兄、再从堂兄等。在这样的家族体系中，有深层次的尊卑观念，在日常生活中，言谈举止都要符合礼仪规范，尤其要尊重长辈。就父子关系来说，古礼中便有许多具体而微的规定。如《礼记·曲礼》曰："为人子者，居不主奥，坐不中席，行不中道，立不中门，食飨不为概，祭祀不为尸，听于无声，视于无形，不登高，不临深，不苟訾，不苟笑。"作为儿子，平时不坐在室内的西南角；坐席时，不坐在中央的位置；行路时，不走在道路的中央；站立时，不站在门的中央。宴客祭祀的规格、数量，不自定限制。在祭祀时不作尸。不待父母说话、行动，就揣摩出父母的意思。不攀爬高处，不临近深渊。由此可见，敬父之行处处体现。

同时，在家族体系中，由于生息繁衍的快慢不一，同一祖先的几支繁衍情况也会有所区别，常常会出现叔伯甚至祖辈年龄低于小辈的情况，那么辈分起决定作用。拥有高辈分的人，不管他的年龄再幼小，仍然受到比之年龄长的小辈尊敬，小辈须得用长辈的礼仪来对待他。这种情况在当今社会仍沿用。

二是以年龄来划分的年长于己者。这包括家族体系中年长于己的同辈，也包括家族关系以外比自己年长者。对于这类人，同样要给予尊重。《礼记·曲礼》曰："年长以倍则父事之，十年以长则兄事之，五年以长则肩随之。群居五人，则长者必异席。"就是说，比自己年龄大一倍的人，就用对待父亲的礼节来对待他；比自己大十岁的人，就以对待兄长的礼节来对待他；比自己大五岁的人，走路时要与之并排而己稍后。五个人聚坐在一起，推尊年长的单独坐在另一条席子上面。如果是同辈，哪怕长自己几个月、几天，甚至几个小时，也都要对其尊崇，处处礼让。在朝廷、军队中都有规定，官阶相同的人，以年长者为尊。即《礼记·祭义》中所说的"同爵则尚齿"。可见，年长者为尊。

三是专指老年人。《礼记·王制》中曰："五十始衰"，即周代把五十岁当作步入老年人的开端，并对这个年龄以上的人开始予以关爱、照顾、尊崇。五十岁开始，就要在饮食上给予特殊的安排，吃一些细粮；九十岁的人即使出游，也会有人把美食送到身边。即《礼记·王制》所云："六十宿肉，七十贰膳，八十常珍，九十饮食不离寝，膳饮从于游可也。"古代对老人尊重与关爱的礼仪，不仅体现在饮食上，还体现在生活中的方方面面。如不可以让头发斑白的人提着东西在路上走；即使国君乘车，遇到老人都要行轼礼等。可见尊老尚齿之风的盛行。

那么，古人为什么如此重视尊老尚齿的行为呢？应该有几方面的原因：一方面，从客观角度分析，人上了年纪，身体会一日不如一日，需要社会给予其特殊的关怀，这属于人之常情。《礼记·王制》曰："五十始衰，六十非肉不饱，七十非帛不暖，八十非人不暖，九十虽得人不暖矣。"人到了九十岁，即使是由他人陪睡，身体也很难感觉到温暖了。从体质上来说，老年人已经是社会的弱势群体了，各个方面都需要给予特殊的照顾。《礼记·曲礼上》中说："五十不致毁，六十不毁，七十唯衰麻在身，饮酒食肉，处于内"，也就是说，即便在服丧之时，对老年人也有照顾：五十岁的人要节哀，不能让身体过分消瘦；六十岁的人便不能使身体消瘦了；七十岁的人只需穿丧服，而且可以照常饮酒吃肉，仍旧住在室内。除此之外，从对不同年龄阶段的老年人的称呼上，我们也可以看出社会对老年人的理解、关心与尊重。《礼记·曲礼上》曰："五十曰艾，服官政；六十曰耆，指使；七十曰老，而传；八十、九十曰耄，七年曰悼，悼与耄虽有罪，不加刑焉。百年曰期，颐。"元人陈澔注：艾，"发之苍白、老如艾之色也"，说明接近老的边缘了。服官政，即是可以从政、参与邦国大事情。耆，"稽久之称，不自用力，惟以指意令人"。到了这个年龄，很多事情不需要亲自去做，只要指挥别人代劳就行了。而传，"传家事于子也"。耄，"昏忘也"。大脑记忆衰退，遇事易忘。期颐，"人寿以百年为期，故曰期；饮食起居动人无不待于养，故曰颐"。朱熹说，期是"周匝之义"，即转过一圈了，"谓百年已周"。颐是"谓当养而已"。即生活起居需要人来养护。意思是人到百岁，饮食起居都需要子孙伺奉照顾了。随着年龄的增长，身体开始走下坡路，白发苍苍，行动、记忆、饮食等都大不如从前，所以更需要关照了。

另一方面，上了年纪的人，他们将自己的一生都奉献给了家庭与社会，因而他们应该老有所养，老有所终。而且，年龄代表着一个人的人生经验与智慧，也标志着人的思想道德水平的高度。对其尊崇，可以让其在安度晚年

第五章 气象万千——正统礼仪与民间礼仪

的同时，老有所用，为社会发挥余热。孔子云："三十而立，四十不而惑，五十而知天命。"以上所述，介绍的尽管不止老人，却可以看出年龄的价值。而且如前所说，人至五十，便可以"服官政"——参与邦国政事；六十，便可以不必躬亲力行，只要出谋划策，指挥别人去做就可以了；到了七十，便可以将自己一生的经验传授给下一代。《礼记·曲礼》中便规定，如果有邻国来请教，国君要先询问老臣，老臣就将本国的典章制度讲述给国君听。即"越国而问焉，必告之以其制"。历史上，老有所用的典例很多，伊尹老了，而商汤用之；吕尚老了，而周文、周武用之；周公、召公老了，而成王用之；管仲老了，而齐桓公用之；百里奚老了，而秦缪公用之，诸如此类数不胜数，皆以敬老用老而称王称霸。

古人云："仁者寿"，反过来，我们也可以说：寿者仁。老年人一生受到儒教思想的教化，统治者所崇尚的品德已与他们的思想行为融为一体，在其言谈举止中会自然体现出来，说话做事在不逾矩的范围内可以随心所欲，因此在人们的心目中德高望重。对其尊崇，树其为德行典范，很容易对后来人起到教化作用。这也是乡饮酒礼中以德行、才能高下从老年人中来选择宾之人选的缘由。《礼记·内则》曰："凡养老，五帝宪，三王有乞言。五帝宪，养气体而不乞言，有善则记之为惇史。三王亦宪，既养老而后乞言，亦微其礼，皆有惇史。"意思是说，凡是养老礼，五帝时期都是效法老人的德行。它为了保养老人的生息和身体而不劳驾老人来陈说善道，只把老人中好的德行记录下来，作为教导人的典范。三王时期，请老人陈说善道用来立教，其实也是效法老人的德行。只不过是在不妨碍老人保养生息和身体的情况下，请他们来亲自陈说善道。同时也记载敦厚人的典范，用来垂训后世。由此可见，养老、敬老重在尚德。

最重要的是，统治者用礼制对尊老尚齿做出一定的规范，其根本目的是为政治服务。《礼记·祭义》中曰："立敬自长始，教民顺也。"统治者期望的是万民顺从，天下大治。而顺由敬生，有了敬意、恭敬、尊敬，才会有顺从。百姓由敬顺父母进而敬顺天下父母尊长，最后达到对统治者的敬顺，形成一个恭顺有序的天下。孟子曰："道在迩而求诸远，事在易而求诸难。人人亲其亲、长其长而天下平。"（《孟子·离娄章句上》）尊老尚齿，便可天下太

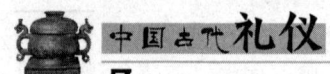

平，讲的是同样的道理。《礼记·乡饮酒义》中又云："乡饮酒之礼：六十者坐，五十者立侍，以听政役，所以明尊长也。六十者三豆，七十者四豆，八十者五豆，九十者六豆，所以明养老也。民知尊长养老，而后乃能入孝弟。民入孝弟，出尊长养老，而后成教，成教而后国可安也。君子之所谓孝者，非家至而日见之也；合诸乡射，教之乡饮酒之礼，而孝弟之行立矣。"很明显，进行尊长养老的仪礼，目的是使"民"受到教化，使其在日常生活中能以礼行事，在家孝顺父母，善事兄长，在外尊敬奉养老人，从而形成良好的社会风气。有了良好的社会风气，国家才能得到安定。

《礼记·内则》曰："有虞氏养国老于上庠，养庶老于下庠。夏后氏养国老于东序，养庶老于西序。殷人养国老于右学，养庶老于左学。周人养国老于东胶，养庶老于虞庠，虞庠在国之西郊。"关于养老的地点，《辞源》云：庠序，古代地方所设的学校，与帝王的辟雍、诸侯的泮宫相对而言，后泛指学校。《孟子·滕文公上》解释说："设为庠序学校以教之，庠者养也，校者教也，序者射也。夏曰校，殷曰序，周曰庠，学则三代共之，皆所以明人伦也。人伦明于上，小民亲于下。"朱熹又为此段作注："庠以养老为义，校以教民为义，序以习射为义，皆乡学也。学，国学也，共之无异名也；伦，序也，父子有等，君臣有义，夫妇有别，长幼有序，朋友有信，此人之大伦也。庠、序、学、校皆以明此而已。"也就是说，这里的上庠、下庠、东序、西序、右学、左学、东胶、虞庠都是古代对学校的不同称谓。当然，选择这些地方作为学校，原因是这些地方是对人实施教化的最佳场所。即如陈澔在《礼记集说》中所云："行养老之礼必于学，以其为讲明孝弟礼义之所也。"

从礼仪规定上，就能很容易看出古人尊老尚齿的行为，具体又体现在多个方面。身体上，国家有慰问之举。"八十月告存，九十日有秩。"八十岁以后，天子每天派人问候安康，九十岁以后，天子每天派人送膳食到家里。《管子》中说："凡国都皆有掌病，士人有病者，掌病以上令问之，九十以上，一日一问；八十以上，二日一问；七十以上，三日一问；众庶五日一问；疾甚者以告上，身问之。"国家设置掌病一官，根据年龄，对患病者给予次数不等的问候。对于病情危急的人，国君还要前往探视慰问。饮食上，注意调理。五十岁就开始增加精细的粮食，六十岁就要常有预备的肉食，七十岁以上可

第五章 气象万千——正统礼仪与民间礼仪

以有两份膳食，八十岁以上可以常吃时鲜的珍馐，九十岁以上可以在寝室之内就餐，出游时也可以让人随带食物。年龄越高，在饮食上也会受到更为精细的照顾。服饰上，也有一些规定。七十非帛不暖，也就是说，七十岁的人一定要让他穿帛制的衣服才能让其感到温暖，才能体现出对他的关爱。

《礼记·王制》中规定："有虞氏皇而祭，深衣而养老。夏后氏收而祭，燕衣而养老。殷人冔而祭，缟衣而养老。周人冕而祭，玄衣而养老。"有虞氏时代，祭祀时戴"皇"，养老时穿深衣；夏代祭祀时戴"收"，养老时穿燕衣；殷代祭祀时戴"冔"，养老时穿纯白的深衣；周代祭祀时戴"冕"，养老时穿黑衣白裳。这四种服饰，代表了四个朝代臣子的朝服。有虞氏时期，以深衣为朝服；夏代做了更改，因其崇尚黑色，所以以黑色衣裳为朝服；殷商时期，以白色为尊，因而将纯白的衣裳作为朝服；周代则兼而用之，穿黑衣白裳。这几个朝代，皆以朝服作为养的尊崇。在言行上，也对老人十分尊敬。天子到了一国，要先会见百岁老人，八九十岁的老人在大路上行走，即使在路的另一侧的行人，也不敢超越而行。"谋与长者，必操几杖而从之"，年轻人向长者请教，一定要携带长者所需的几杖前去，以服侍长者。在应长者要求表达观点时，一定要先辞让说自己懂得少；与年长者坐在席上，自己的席要移到稍后的位置，如果不能移动，自己就要稍微向后坐。长者与后辈握手，后辈一定要用双手捧握。政治地位上，年龄更是受尊崇的条件。老人要发表政治观点，君主应亲自登门就教。七十岁以上的人没有大事就不用上朝；如果有大事，君主应该先对他揖拜谦让，然后才顾及爵位高的人。另外，国家还赋予老年人一定特权，授给老年人标志特权的王杖。《周礼·秋官·司寇》中说，国家设有以天子名义颁发给老年人王杖的官吏——伊耆老宴会上的服装，可见其对老年人时时处处给予照顾与尊重，职责是"供王之齿杖"和"授有爵者杖"，将王杖分别颁给平民和贵族中的老年人。有了这种象征特权的王杖，老年人可以"五十杖于家，七十杖于国，八十杖于朝，九十者，天子欲有问焉，则就其室，以珍从"。（《礼记·王制》）九十岁以上的老人享受不上朝的特权，如果天子想要向其请教国家大事，则需要带上一些美食亲自去拜访。

另外，古人尊老尚齿的人群，范围极其广泛，由天子到百姓，无所不及，

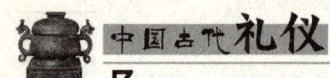

可以说达于天下。

《礼记·祭义》中谈论了社会各个方面尊老尚齿的具体行为，之后说，"孝弟发诸朝廷，行乎道路，至乎州巷，放乎蒐狩，修乎军旅，众以义死之，而弗敢犯也"。尊老尚齿出于孝悌之心。全国上下，由天子倡导，人人尊老敬长，形成良好的社会风气，才会达到全民敬顺、和谐有序的政局。

古代尊老礼制

在中国封建社会时期，尊敬与崇尚老人并不仅仅是停留在思想观念或说教上，也并不是街头巷尾普通百姓的专利，而是从帝王到整个国家都是身体力行，并且专门为此制定了一套尊老尚老的礼仪制度。据《礼记》记载，养老的礼制大约要上溯到虞、夏、殷三代。"有虞氏养国老于上庠，养庶老于下庠。夏后氏养国老于东序，养庶老于西序。殷人养国老于右学，养庶老于左学。周人养国老于东郊，养庶老于虞庠，虞庠在国之西郊。"

"庠""序""学"等不同名称，是古代中国学校的指称。"上庠"指大学、太学。古代"大学"不是现在我们所理解的大学，但算得上是国家的最高学府，由于初始设立在国之东部，或位于国之右边，所以也有把"大学""上庠"称作"右学""东序"。"下庠"显然为"小学"别称，在国之西部，"西序""左学"是其别称。"上庠""下庠"是虞代学校之称，"东序""西序"是夏代学校名称。

所谓"国老"，就是指退休的公卿大夫或者享有爵位的老人。"庶老"当然指普通百姓之老。

唐代杜佑在《通典》中，把"养老"的对象分为四种：一是养"三老五更"；二是子孙为国死难而养死者父祖；三是养致仕之老；四是养庶老之老。其中"三老五更"，一种解释说"三老"指国老，"更"当为叟。之所以名"三""五"，据说是取于吉祥三辰五星。另一种说法认为，所谓三老是指"老人知天地人事者"，五更，则是指"老人知五行更代事者"。而"致仕之老"指离退官位的老人。四个种类实际上分为"国老"之养与"庶老"之养这两个等级。

关于"养"，我们通常把它理解为赡养、奉养，但古代养老之礼所讲的

第五章 气象万千——正统礼仪与民间礼仪

"养",并不简单是日常生活中的侍奉侍养,它还形成为一种礼仪,一年中也只能在合适的时机举行几次。而"养老于学",也不能理解为把老人集中奉养在学校里,而指一年为数几次的养老礼仪,一般是在学校中举行的。

《礼记》中对这种学校举行的养老礼仪的过程场面曾做过详细记载:天刚亮,国学里敲起征召学士的鼓,提醒大家快集合。大家集合完毕后,就迎来天子的视察。于是命令教官开始行事。先举行礼,祭祀先师先圣,然后开始举行养老之礼。天子到达东序,向去世的三老五更行祭奠之礼,然后布置三老五更及庶老们的席位,视察肴馔,省察酒醴及养老珍馐之具。接着就奏乐,天子退而酳酒,以献诸老。这就是天子所行的孝养之道。

敬献过后,所有老人返回自己的座位上,之后以诗歌之类的形式在堂上演唱。歌毕,与诸老谈理说道,以成就天子养老之礼。论说的都是君臣、父子、长幼的道理,同演唱的诗歌中所咏的文王道德之音相合,达到了德的极致。这是养老礼中最重要的部分。

上述过程生动地展示了养老之礼在古代的盛大隆重。之所以要把如此隆重的礼仪放在学校举行,一方面,恐怕是因为学校在那个时代是唯一可以集合众民的场合;另一方面,则只能理解为统治者借养老之礼的操演而达到对百官百姓尤其是学士后生的敬老教育。这一点古代类书中也有如此解释,"王者之养老,所以教天下之孝也。而必于学者,学,所以明人伦也。人伦莫先于孝弟。人君致孝弟于其亲长,下之人无由以见也,故于学校之中行养老之礼,使(庶民)得于听闻观感。一礼之行,所费者饮食之微,而所致者治效之大也"。

养老之礼因为受到当时等级制度的影响,也分为不同的等级。五十岁以上的老人,其养老之礼只能在乡之小学进行,六十岁以上者则在国之小学举行,而七十岁以上的老者,养老之礼就可在太学,即国家的大学里举行。这也就是古人所说的"五十养于乡,六十养于国,七十养于学"。

除了上述一年数度养老之礼的隆重举行,古时对有爵有功之老臣还实行"赐杖"的礼制。"杖",手杖。君王常对有功、有德、有爵之七十岁以上老人赐以手杖,或称王杖,以示优待礼遇。

《礼记王制》说:"五十杖于家。六十杖于乡。七十杖于国。八十杖于朝。九十者,天子欲问有焉,则就其室,以珍从。"大致意思是,五十岁以上的

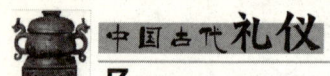

中国古代礼仪
ZHONG GUO GU DAI LI YI

尊老典范——卧冰求鲤

老人可由家人敬给老人手杖，六十岁以上的老人就由乡里敬送，七十岁以上的老人则由朝廷颁发，而八十岁以上的老人，则由天子亲赐手杖。九十岁以上的老人，天子就要携珍品前往其家中问候了。

年龄不同，则由级别不同的官府颁发手杖。手杖虽小，但体现着一种礼遇与荣耀，年龄越大，所享受的待遇越高。

在这里还要提及的是，某些朝代还向老年妇人赠送手杖。在男尊女卑的封建社会，妇女无论在家里还是在社会中，都是没有地位的，单对老年妇女另眼相看，享受同老年男人一样的待遇，这在当时社会是非常难得的。由此也可看出古人对"尚老"的重视。

中国古代的尊老之礼，还表现在朝廷官府对老年人的重用。中国封建时代的政治制度中，有关于老年人离官退休——"致仕"的明确规定。《礼记》说"七十曰老而传"，意思就是说，人到七十已很衰老了，应当还禄位于君王，把职权传交给年轻之人。但事实上，朝廷官员大多数是七老八十的老人，"崇敬黄耇，先代通训"。周宣王时贤臣方叔年龄很大了，但以元老的资格留处职位。西汉时期，有一个名为赵充国的大将军年逾七十，本该是离官退禄的年纪，但因为他"明乎典故"并且有非常高尚的德行，因此君王"许其縶维"，仍让他掌握管理大权。

对老年人的尊崇以及对其重用挽留，固然有因为年老之人通古知今，有丰富经验以及"老谋深算"的智慧，对君王的统治管理具有政治价值，但其中也体现出对年老之人的照顾与回报。历史上有记载称北魏孝明帝曾专门对此下诏书说："今庶寮之中，或年迫悬车，循礼宜退，但少收其力，老弃其身，言念勖旧，眷然未忍。"表达了朝廷社会对老年人所流露

二十四孝雕像

的无限眷顾之情。

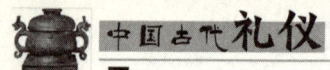

年纪大了,按照规定是该退身归家,但为君王为朝廷为国家做了一辈子的事,有功劳也有苦劳,如果老了不能再如少壮时贡献力量,便遗弃老人不顾,确不应该也于心不忍。因此,"或戴白在朝,未尝外任,或停私历纪,甫授考级;如此之徒,虽满七十,听其莅民,以终尝限。或新解县吏,或外任私停,已满七十,方求更叙者,吏部可依令闻奏。其有高名峻德,老成耄士,灼然显达,为时所知者,不拘斯例。若才非秀异,见在朝官,依令合解者,可给本官半禄,以终其身,使辞朝之叟,不恨归于闾巷矣。"

那些德高望重的有名老人,当然更容易受到君主的尊敬和重用,但是对普通的老年官员,君主也会给其较为妥当的安排。"戴白""甫授考级",都是古代对老人的尊敬别称。对这样一些人,虽然年龄大了,但如果他们愿意继续出力,也应"听其莅民"。"莅",掌;"莅民",即掌民之事,指有官位。即使是才能平庸的人,也可设法在适当位置安排一官半禄,以使辞去朝廷官职的年迈官员不致空寂,而不情愿归于闾巷。"闾巷"泛指乡间故里。古时二十五家为一"闾"。

敬学与学校礼仪

中国古代的学校,是普及礼仪教育的基本场所之一。封建社会中,学校的教育内容分为"六艺",即礼、乐、射、御、书、数。礼乐教育是当时学校教育的主要内容。西汉以后,学校以儒家经书教育学生,有《尚书》《诗经》《礼记》《周易》《春秋》等教材,礼仪教育也是其中的重要内容。唐代时学校制度有了改变,学生除了学习儒家经典外,吉、凶二礼也变为学习内容。明代也规定地方学校中的学生除学习儒经外,还要加学封建律令、皇帝诰令,特别要加学冠、婚、丧、祭之礼。历代的这些规定,都说明了礼仪教育一直是中国古代学

古代皇家学校

校中最为重要的教学内容之一。另外，学校不仅是习礼的场所，而且校内管理也完全是根据礼仪制度的规定而进行的，因为学校有其自身的礼仪。古代学校的以礼治校，以礼教学，对传统礼仪的普及和传播起了重大的作用，因而历代皆把学校列入《礼志》中，学校礼仪制度也就成为吉礼中的一大内容。

1. 释奠礼

释奠礼是以酒食祭奠先师先圣的礼仪。释奠礼不仅是学校的一项典礼，也成为了一项常规制度。先师先圣的代表人物，每个朝代是不同的。汉魏之时通常是以周公为先圣，孔子为先师。唐代时则确定以孔子为先圣，颜回为先师。唐玄宗时除祭祀孔颜外，又增加了左丘明等22位贤人，并且还为列位先贤排定了位次。以孔子居中，两边排列有"十哲"，即颜回、闵子骞、冉伯牛、冉仲弓、宰予我、端木子贡、冉子有、仲子路、言子游、卜子夏十人弟子。后来，颜回地位提高，附祭于孔子，乃升曾参以充十哲之位。曾参附祭之后，再升颛孙子张为十哲。宋代，又以子思和孟轲附祭孔、颜等。再后来，进一步扩充十哲为十二哲，把有若和宋人朱熹列于其中。

显然，在学校祭祀的这些贤哲中，孔子和颜回的地位是最高的，故而历代释奠实际是祭孔。祭孔始于汉高祖时，后来出于维护封建等级统治的需要，孔子的地位被越提越高。汉平帝谥孔子为"褒成宣尼公"，唐宋时孔子已升为王爵，号称"大成至圣文宣王"，明世宗嘉靖时虽然孔子的地位一度有所降低，称为"至圣先师"，但入清之后，孔子的地位又迅速恢复，称为"大成至圣文宣先师"。

释奠祭孔的典礼非常隆重。其释奠的时间和地点因时代不同而有所差别。最初的时候，是依校设祭，用牛、羊、豕三牲（即太牢）供奉先师先圣。北朝北齐时，在太学中建立了宣尼庙，规定每年仲春二月和仲秋八月行释奠祭孔之礼，祭祀时要设轩悬之乐、用六佾之舞。此外，每个月的初一，由国子祭酒率博士以下的教官和国子学学生入堂行礼，跪拜孔子，向颜回则行揖礼，助教以下及太学生则于堂前阶下行礼。各地的州学也都建立了孔子和颜回的

中国古代礼仪
ZHONG GUO GU DAI LI YI

儒家圣地——孔庙

庙宇，教官及学生也要每月行礼。唐代的释奠礼更为完备，规定一年分为春夏秋冬四季释奠，唐玄宗后改为春秋二季释奠。国子学在举行释奠仪式时，到场人员除了教官和学生外，参加人员还包括朝中文武官员以及僧道百姓。其典礼由国子祭酒代表皇帝主持，设宫悬之乐，并供奉牲牢。献祭之时，国子祭酒作为初献，司业作为亚献，博士作为终献。州学亦仿国子学，以牲牢奉祭，州的最高长官刺史作为祭主，主持典礼，并以刺史作初献，州中上佐为亚献，博士为终献。县学以酒、脯供奉，县令主持，并作献祭时之初献，县丞为亚献，主簿与县尉为终献。清代的祭孔规格也很高，在释奠时要奠帛、读祝文、三献奠爵，并行三跪九叩之礼。雍正时还为孔子选定了生辰，定以八月二十七日为孔子诞辰日，全体军民都要斋戒一日。

在学校建成之时，是除春秋、四季释奠外，也要举行释奠之礼的情况。历代皇帝也常有参加释奠之举。中国古代对释奠礼的高度重视及常行不辍，既表达了遵循先圣先师教诲、以礼义教化民众之意，也说明了古代社会对于教育的重视。

2. 视学礼

视学礼，是指皇帝或皇太子视察学校，它也是学校礼仪制度中的一个。古代帝王视察学校有一套严格的制度，这在西周时期就已形成，"凡一年之中，养国老有四，皆用天子视学之时。一年之内，视学有四，故养老之法亦有四，皆用视学之明日"（《玉海·学校篇引》）。也就是说，在一年当中，皇帝必须亲自去学校进行四次视察。

视学的这天清晨，先击鼓集合学官、学生等众人。集合完毕，天子便来到学校，执事官吏受命开始按照礼制的规定行事，先行祭奠先师先圣之礼，然后再进行其他活动。第二天，再于学校行养老礼。进入封建社会后，帝王仍十分重视"视学"，不仅以释奠礼作为视学的主要内容，还增加了讲经（儒家经典）、议经等活动。这项活动是在学堂里进行的，皇帝坐于学堂北墙下正中的位置，坐北朝南侧；御座西侧设有"讲榻"；执读（负责读经）者坐于学堂南侧，与讲榻南北相对；执读西侧为侍讲（负责讲论文史，专备君主顾问）官；在讲榻与执读之间，即靠近学堂中央的地方设有"论议座"。皇太子坐于皇帝东侧；三品以上文官一律设座皇太子南侧，面西而坐；三品以上武官则坐于讲榻西、南。皇帝未入学堂前，执经、侍讲、执读等和学官及掌管典仪官先于堂内就座，其他官员和皇太子则等皇帝入座后，才能入堂就位。然后便由执读诵读经文，再由执经解释经义。接下来，侍讲就论议座，按照经文的内容进行讲论，解答疑难。讲论、答疑之后，视学礼即告结束，皇帝、皇太子及文武官员出学校还宫。

为了表现统治者对学校及儒家教育的重视，并且表示出对先圣先师的敬意，皇帝和皇太子的视学礼规模非常宏大，礼仪也极为隆重。这一礼仪在中国历史上一直为历代所沿袭，成为各朝代一项重要的制度。

3. 束脩与释菜礼

所谓束脩，就是指在古代时学生和老师第一次见面时的礼节。束脩实际是十条干肉，是君臣、亲友之间互相馈赠的礼物。《礼记·少仪》称："其以乘壶（四壶）酒、束脩、一犬，赐人；若献人，则陈酒执脩以将命，亦曰乘

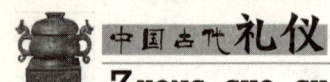

壶酒、束脩、一犬。"古时，男子 15 岁入学，入学时必须交束脩，以作为付给教师的酬金，所以束脩也代指上学，或作为年满 15 岁的代称。孔子曾说："自行束脩以上，吾未尝无诲焉。"（《论语·述而》）入学缴纳束脩，以作酬谢教师的礼物，是天经地义的事情。由此而发展演变成一种学校的礼仪制度，体现了中华民族尊师重教的崇高风尚。当然孔子所在的春秋时期，用束脩作为礼物，以后则未必如此，可礼节的名称一直流传下来，成为古代学生入学所行的第一种礼节，实际也使学生自入学之初便受到尊敬师长的教育。

古人重视教育，不是仅仅重视束脩礼这种礼节，而是让学生、家庭，以至于全社会都把尊重老师当作荣耀之事。但因束脩礼是作为拜师的礼仪而备受重视，相约成俗，又发展为固定的制度。如唐代曾规定：学生入州、县学校，须缴纳束帛一篚（盛物的竹器，实为一匹）、酒一壶（实为二斗）、脯（即脩）一案〔实为五脡（长条的干肉）〕，作为与教师的见面礼。行束脩礼的这天，学生着青衿（襟）学服，携带着这些礼品去学校。来到校门先站立于门外，学校的先生则站在学堂的台阶上，派人出门询问学生为何而来。学生稍稍向前，说明自己拜师求学的目的。先生则谦称自己无德，恐将误人子弟。学生则再次表示从师的决心，并恳请先生能够赐见并且收留自己。先生发现无法推辞，才命人请学生入门。学生面朝先生站立，待先生走下台阶，立刻行跪拜礼。先生回拜答礼后，学生便将束脩礼规定的礼品取出，摆放在先生面前，请他收下。先生答应收纳，实际也就同意收留一名新生入学，所以学生便行礼退出。此后，他与先生正式建立起师生关系。这种礼节看上去烦琐，但它恰恰体现了师生之间以礼相待和谦逊文明的融洽关系。学生自入门之始，即接受尊师的礼仪教育，即使是皇太子也不例外。按照礼仪的规定，皇太子初入学门，拜见博士，所携礼品，所着服饰，与博士的问答，以及最后的拜礼，与州、县学的束脩礼完全一样，从这可以看出，在中国古代社会尊师重教是各阶层都较为重视的一项内容。

释菜礼，又作"舍采""择菜"，也是古时读书人入学所行的一种典礼，即用苹、蘩（白蒿）等菜蔬祭奠先师，敬献老师，以此表示将从师学艺。除了不杀牲以供奉外，释菜礼的其他礼节与释奠礼相同，因而古人说释菜礼是

"礼之轻者"，但古人更看重的是感情，礼轻情谊重。相传春秋时，孔子周游列国，受困于陈国（今河南淮阳）、蔡国（今河南新蔡）之间，7天没有吃饭，只能靠煮灰菜为食，可他仍于室内抚琴作乐。与孔子随行的弟子子路、子贡认为这已到了穷途末路的境地，只有颜回仍"释菜于户外"，也就是在孔子住处的门口行释菜之礼，表示即使老师的处境极端困苦艰难，自己仍决心跟随老师，虚心求教。颜回此举在于尊师，而子路、子贡的悲观论调，反映了他们"重道"的思想，这里所说的"道"，是指官运而言，官运亨通谓之"得道"。因此，自古以来社会中就存在两种对立的思想，一者尊师，一者重道。两种截然不同的人生观长期并存。不以权势、富贵、名利、地位为标准，而始终不渝地尊敬师长，即使是在师长遭受厄运，身处逆境，穷困潦倒之际，仍尊师敬教，这正是中华民族所具有的一种崇高的风尚与美德。正因如此，后人便将颜回附祭（即配享）于孔子，以示赞颂。而释菜礼，也是对刚入学的学生进行的一次尊师教育，让人们以颜回为榜样，始终以先生为师，不忘教育之恩。

人们普遍施行束脩之礼，体现了从古到今中国都是一个以尊师为荣的文明国度，也展现了中华民族这种尊师重教的崇高风尚。尊师，在我国有着悠久的传统，《国语·晋语》中说："父生之，师教之，君食之。"人之所以明白事理，通晓世情，皆是由于有师教育之故，教师的地位与君、父并列。古代尊师敬师蔚成风气。学生在平时要像侍奉父亲一样来侍奉老师，在老师死后还要为老师服三年心丧，并有照顾老师家庭遗属的义务。古人尊师敬师的事例不胜枚举，在此仅举一例：

东汉名儒桓荣是汉明帝刘庄的老师。当刘庄即位以后，仍对桓荣非常尊敬，老师虽已八十高龄，汉明帝为了能时时请教，还不肯让他退休。一次，明帝召集了百官和桓荣的弟子数百人，敬请桓荣坐在西首面东的贵宾席上，并当众向桓荣捧书求教。当时有的学生为拍皇帝马屁，向明帝请教经书中的疑难问题，明帝马上谦逊地说："老师在这里，怎么轮到我来释疑解惑呢？"桓荣病重之后，明帝亲去看望，刚到桓家巷口就下车步行。桓荣病死之后，明帝换上孝服，亲自临丧送葬。这些都表示了贵为九五之尊的明帝对授业恩师的尊敬之情。

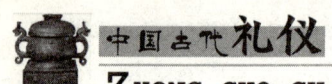

敬养恭让之礼

《礼记·祭义》曰:"食三老五更于大学,天子袒而割牲,执酱而馈,执爵而酳,冕而揔干。"在太学奉养三老五更时,天子竟然袒露衣襟,亲自切割牲肉,捧着酱请三老五更食肉,又捧着酒爵请三老五更漱口,头戴冠冕、手执盾牌,亲自跳舞,让他们能欢乐快活。《晋书·王详传》记载:"天子幸太学,命详为三老,详南面几杖,以师道自居,天子北面而乞言,详陈明王圣帝君臣改化之要,以训之。闻者莫不砥砺。"天子之所以这样做,是为了给国民做出榜样,教导他们能够对老人敬养、谦恭与礼让,以此教化诸侯,使其尊长敬老,懂孝悌之道,即所谓的"所以教诸侯之弟也"(《礼记·祭义》)。

《礼记·祭义》:"一命齿于乡里,再命齿于族,三命不齿。族有七十者弗敢先。七十者,不有大故不入朝。若有大故而入,君必与之揖让,而后及爵者。"意思就是说,乡饮酒时排列座次,有一命官爵的人,仍然要和乡里人一道按年龄排次序。二命的人,在自己的族人中也需要按年龄排次序。三命的人,虽然不必按年龄排序,但是遇到自己族中七十岁以上的人,还是不敢越前。七十岁以上的人如果有大事上朝,君主应该先拜揖谦让一番,然后才会

燕昭王与黄金台

第五章 气象万千——正统礼仪与民间礼仪

对爵位高的有所顾及。显然，老者为尊，他人要处处谦让，以表恭敬。

在古代日常生活中，这种谦恭敬让的礼仪表现得更明显。《礼记·祭义》："行肩而不并，不错则随。见老者则车徒辟。"行于路，不同年龄的人不能并肩而行，不是按长幼次序斜错雁行，就是跟随在后。见到老人，无论车辆、行人都要让路。《弟子规》："进必趋，退必迟，问起对，视勿移。"长者有事呼叫，须快步而行；所办事宜结束，则须缓步退出。回答长者的问话，一定要起身站立，目光不可游移不定。《战国策·触龙说赵太后》中记载，腿脚不灵便的触龙见赵太后时尽量做出"趋"的样子给赵太后看，就是为了表示恭敬。

除此之外，这种恭让、谦敬，又常以礼仪示范的形式在一些礼仪活动中得以体现。在乡饮酒礼中，首先要从老者中选出贤能且德高望重的人作为主宾，其他老人为众宾。仪式从邀请上宾开始，到行饮酒之礼结束，恭敬、谦让、拜谢的礼节无时无刻都在体现。仪式开始时，主人要到庠门之外的地方迎接宾客，"三揖至于阶，三让以宾升"。《礼记·乡饮酒义》说："六十者坐，五十者立侍，以听政役，所以明尊长也。"五十岁以上的人虽已被纳入老年人的行列，但是为了明示尊敬长者的礼仪，在乡饮酒礼上，仍要站着来聆听教诲，以与六十岁以上的人形成对照。《论语·乡党》篇说："乡人饮酒，杖者出，斯出矣。"这是说，在这个礼节仪式上，手有王杖的老人离开后，别人才能离开，否则就为失礼。

在古代中国，与尊老同时提倡的还有"敬贤"。敬贤是"国之纪，人之望"。《大戴礼记·保傅》说："无常安之国，无宜治之民。得贤者安存，失贤者危亡。""贤"与国家政治安危息息相关，自古帝王皆以此作为国家安危的决定因素，而历朝历代的有才之士评判君王是否仁德明智的最重要一条规律是君主能否举贤、任贤以及敬贤。《后汉书·孔清传》说："明主圣主，莫不尊贤敬士。"《初学记·贤》也说："信贤而任之，君之明也。"总之，贤是国家的栋梁。举贤仕贤被提高到治国之纲常的地位："凡治国有三常：一曰君以举贤为常，二曰官以任贤为常，三曰士以敬贤为常。"（《初学记·贤》）卷十七）《说苑·尊贤》说："国不务大而务得民心，佐（指辅佐之臣）不务多而务得贤矣。"

当然，封建社会经过相当漫长的过程才形成了重贤举能的礼仪制度。远在原始社会，就有了"选贤与能"的习俗，"与"在古文中通"举"，"与能"即举能的意思。在原始社会，推举首领的办法是"选贤与能"。原始部落成员，通过民主选举，把那些具有组织才能、富有经验的劳动能手，推选为部落的领袖。进入奴隶制夏朝后，形成了奴隶主贵族的世卿世禄制度。但奴隶主贵族为了更好地管理国家，仍需"贤能"之才辅佐。因此，随着"世卿世禄"制度的出现，奉贤才礼制也跟着出现了。春秋战国时期，人才的选用成为各国兴衰成败的关键。于是不利于选贤任能的世卿世禄制度便被废除，兴起了招贤养士的风气。"士"是当时兴起的私学培养出的众多知识分子，"养士"指各国国君和贵族招揽天下有才干的士人，供养起来以备需用。当时齐宣王在国都设学官，以招各方人士。燕昭王筑黄金台，礼聘天下贤士。战国时期著名四公子——魏信陵君、赵平原君、齐孟尝君、楚春申君，每家都有数千人之多的养士。由此可见，古人重贤招贤已达到相当高的程度。

历代思想家都喜欢引经据典，告诫当政者举贤任能的重要性。《孟子·尚贤》说："故古者王圣甚尊尚贤，而任使能……贤者举而上之，富而贵之，以为官长。"（《孟子·尚贤》）总而言之，"国之宝器，其在得贤"（《北史·苏倬传附苏威》）。《资治通鉴·唐纪》也总结说："与其多得数百万缗（古时一贯千钱，叫做一缗），何如得一贤才。"《初学记·贤》卷十七中，用类似的语言表达了同样的观点："得地千里，不如得一贤士……黄金累千，不如贤。"墨子也认为，一个国家如果不对知识分子体恤、关注，这个国家距离灭亡也不远了。平时得贤不重视，到了紧急关头，贤能之才就不会为你分忧、出力，不是贤才不为君主国家着想，而是国家"谖贤忘士"，如此"而能经其国者，未曾有也"（见《墨子·亲士》）。"贤"的至关重要已被古人充分认识到，但古人认为仅"见贤""奉贤"还不能真正达到招贤用能的目的。南宋《少仪外传》说，当政者"既能见贤，又需要尊贤"，若"但见而不能尊，则与禽兽无异……而以贤不能尊，是未之熟思"。尊贤，可被称作是"致贤之路"。《李相国论事集》卷五《论任贤事》中说："夫致贤之路，历代不同。大凡王者不以尊轻待臣下，不以能盖于凡器，折节下士，卑躬礼贤，天下所知圣意，贤能之人方出。"由此可见君主决不能认为自己拥有至高无上的权力就对贤士持傲慢态度。对贤能人士，应持屈尊的态度，天下有才之人看到了君王的诚心诚意，才可能情愿效力。

《白居易集》有一段话更具体地阐明了这个道理。其说天下行道治理国家的根本，在于得贤才辅佐，而得贤的途径，在于王者对礼的实施。此处的"礼"一指物质待遇，一指尊敬揖让。王者应"展皮币之礼，尽揖让之仪"，贤能人士才可能趋至前来。从这个意义上说，"礼之原定于此，则贤之优劣应于彼"。《初学记·贤》第十七卷记载了古之帝王重才敬贤的事迹，古时周公具圣德之质，非常爱才敬贤，对知识分子谦恭周到，"一沐三握发，一饭三吐哺"。这里有个典故，说周公正在吃饭时，听到贤士到，立刻吐出嘴里的食物而接待贤士。"哺"指含在嘴中的食物。在沐浴时，就手握散发前来应见，唯恐有一步怠慢而失天下贤人，于是"天下贤人事归之"。而假如周公恃骄居傲，待士吝啬，那么人才肯定"高翔远走，能至寡矣"。《史记》中也记载说，文王礼下贤者，每日不厌其烦随时随刻接待贤上。"待士不敬，举士不信，则善士不往焉。"总而言之，不以礼待贤，就得不到贤才。

在中国封建时期，最重要的统治原则是君主必须重贤用贤。因为贤才能人，一方面可以为朝廷效力，另一方面也可能形成反朝廷的力量，所以，历代统治者都尽力做到"无遗贤"。

当然，古代所说的"贤"包括才智与品德两方面，而且"德"的素质似乎更受重视。古人认为，德才皆备谓之圣人，德才均无谓之愚人，有德无才谓之君子，有才无德谓之小人（司马炎语）。应当说，德与才是贤能之人必具的两种能力，缺一为憾。今天我们应分析地发扬古代"敬贤"之礼，使之为当代的新人才观服务。

"尊老""敬贤"在古代社会经常被相提并论，古代大多数思想家都会用这两条治国原则对当政者提出治世之道。如果统治者能做到"养耆老以致孝，恤孤独以待不足，上贤以崇德，简不肖以除恶"（《礼记·王制》），这个社会一定能长治久安。

禁忌习俗

古时当孩子呱呱坠地之后，诸多禁忌便时时伴随着他：不管他是不是喜欢蓝色，偏偏睡的席子必须是蓝的，为的是拦住他，不被病魔饿鬼"收去"。

新生儿百天或周岁举行的仪式中最为流行的是挂长命锁。锁是一种起封闭作用的器具，门、箱等一旦上锁，就只有用钥匙才能打开。在小孩胸前挂锁，其意义就在于锁住小孩的命，避免病魔疫鬼侵入危害小孩。人们认为小孩一旦戴上了锁，就能无灾无祸，平安长大。煮长面条有许多麻烦，可满月的面条一定要越长越好，为的是让孩子长命百岁。到了周岁，孩子高兴地一扬手，无意识地抓了个小镜子，围在周围的爸爸、妈妈、爷爷、奶奶就说孩子从小爱美。孩子脱落了牙齿，爸爸妈妈叮嘱要趁着天黑把脱落的牙齿扔到屋顶上，让老鼠帮他把牙齿交给神仙，让掌管牙齿的神仙给他重新换上一颗新牙齿。同时，永远不要告诉别人落牙丢在哪里，也不要告诉任何人今天换牙，因为有很多人等着长新牙，他们会叫老鼠把牙齿偷走。在本命年，为了辟邪躲灾，人们喜欢穿红衣服。民间认为红色是太阳的颜色，是血的颜色，是火的颜色，这些为本命年辟邪的红色什物，就是人们常说的"本命红"。

什么是禁忌呢？禁忌是一种世界范围的民俗事象，国际学术界把禁忌现象统称为"塔布"。"塔布"原是南太平洋波利尼西亚汤加岛人的土语，其基本含义是"神圣的"和"不可接触的"。也就是说，禁忌起码有两个方面的意义：一方面，是"崇高的""神圣的"；另一方面，是"神秘的""危险的""禁止的""不洁的"。对神圣、崇高的禁忌一般是指对神灵、天体、地上的奇山、怪石古树等物的禁忌，对刮风下雨、冰雹雪霜、地震、海啸、泥石流等自然现象的禁忌，以及对帝王、祖先、长辈的禁忌等。对"不洁""危险"事物的禁忌，一般是指对鬼魂的禁忌，对不洁物、不幸人、乱伦的禁忌，对疾病、死亡、天灾、人祸、贫穷、困顿、败落等不祥事物、现象和可能联想或涉及这些灾祸的一切事物、言行的禁忌。

从波利尼西亚语对"塔布"的理解来看，"塔布"具有某种不可接近之物的含义，这种含义主要是以各种禁忌和限制的形式表现出来。

奥地利著名心理学家弗洛伊德也曾

长命锁项圈

对禁忌做过深入的研究，他在《图腾与禁忌》这本专著中指出：'塔布'这个词意指一切，不论是一个人、一个地方、一件物品还是一种短暂的状态，都是这种神秘属性的载体或源泉。它也意指那些源自这种神秘属性的禁忌。最后，它还具有'神圣的'、'不洁的'以及'神秘的'等诸多意涵。"

在中国，对禁忌的看法也有类似性。东汉班固在《汉书·艺文志·阴阳家》记载："阴阳家者……敬顺昊天历象日月星辰，敬授民时，此其所长也。及拘者为之，则牵于禁忌，泥于小数，舍人事而任鬼神。"

这可能是关于"禁忌"一词的最早记录，这说明"禁忌"一词在东汉或更早已经产生和使用了，并且从那时起，禁忌便与宗教、祭祀、鬼神关系密切。《后汉书·朗𫖮传》也有"臣生长草野，不晓禁忌，披露肝胆，书不择言"的记载。

在古代汉语中，"禁"与"忌"是意义相近的两个词。"禁"是"禁止"，即"不允许"的意思；"忌"是一种因害怕或憎恶而力求避开的心理状态。许慎在《说文解字》中对这两个词的含义是这样解释的："禁，吉凶之忌也。从示，林声。忌，憎恶也。从心，己声。"

《说文解字》对"示"字的解释是："示，天垂象见吉凶，所以示人也。从二（二，古文上字）；三垂，日月星也。观乎天文，以察时变，示神事也。凡示之属，皆从示。"

从以上分析我们可以认识到，禁忌是人们对神圣的、不洁的、危险的事物所持态度而形成的某种禁制。禁忌是先民源于对某种神秘力量的畏惧而对自己的言谈举止、行为方式所做的种种限制，是为了趋吉避凶、免于招致"神力"惩罚而采取的消极防范措施。但是禁忌限制的对象不是他人，而是自我。

禁忌是人们对某些言行及其方式的自我限制，它不仅来源人们对某种神秘力量（"天神"或"玛那"或某种尚未被认识的事物）的畏惧，而且也包含着人们在与大自然作斗争中长期积累的经验，以及在长期的人际交往中所形成的社会礼俗。因此，有些禁忌是对神秘力量的敬畏，消极的成分多一些；而有些禁忌则是对自然、社会的敬畏，积极的成分多一些。

避讳杂谈

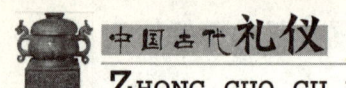

读过《水浒传》的，大概都记得有这么一处情节：宋江在江州因题反诗而入狱，戴宗到梁山泊与吴用定计，假造当朝太师蔡京写给儿子蔡九知府的信，教把宋江解赴东京，以便半路劫夺囚车。这封信，由圣手书生萧让模仿蔡京笔迹书写，信末由玉臂匠金大坚雕镌了一个蔡京常用的图章盖上，印文是玉箸篆文"翰林蔡京"四字。蔡九知府已经中计，不想被黄文炳识破。漏洞出在哪里？黄文炳说："父寄书与子，须不当用讳字图书。"原来是不合礼制关于避讳的规定。

避讳，是中国历史的特有产物。君主的名字，臣下不能说，父祖的名字，儿孙不能说，当然也不能书写。反过来，君主或父祖对臣子也绝没有自称名字的道理。吴用那封假信的破绽就在于此，不但救不了宋江，几乎连戴宗的性命也一起送掉了。

君主尊长的名字不能说，那么碰到要提及或书写这个字时该怎么办呢？通常是用一个同义字来代替。如汉文帝名恒，规定用"常"字代替，凡恒字都须说成"常"，恒山郡也改为常山郡。汉武帝名彻，史书改蒯彻为蒯通，爵位中的彻侯改为通侯。东汉明帝名庄，凡姓庄的都得改姓严。光武帝的老朋友、著名隐士庄光先生就成了严光。现在浙江桐庐县境内的名胜古迹严子陵钓台，其实本该是"庄子陵钓台"才对。唐高祖名渊，唐人便改称陶渊明为陶泉明。清雍正皇帝名胤禛，即位后，追改大臣王士禛为士正，后又改士祯。这是避君主的名字，称作"国讳"。避父祖和家族尊长的名字，则称为"家讳"或"私讳"。如司马迁父亲名谈，《史记》中改张孟谈为张孟同，赵谈为赵同；《后汉书》的作者范晔，其父名泰，《后汉书》中凡泰字皆代以"太"；苏东坡的祖父名序，凡为人作序都用"叙"字代替。在书写时，则除改用替代字外，还可将所避的字缺一二笔，或干脆用空格。

不仅生前要避讳，死后也同样要避讳。国讳要避到皇帝的七代祖宗（因礼制规定皇帝有七庙），违犯者被认为是大逆不道，严重的还要杀头。士大夫的家讳也须避三至五代，否则就是不孝。在社交上，要去访问某人，必须先了解被访者的家讳，以免言谈中触犯。这就是《礼记·曲礼》所说的"入门问讳"。犯了人家的家讳，在上层社会是非常失礼的行为；而作为子孙，若听到别人当面提及自己的家讳，则必须痛哭流涕，避席而走，给对方一个下不了台。

知识链接

"超宗很有些凤毛"

南朝宋时，谢凤的儿子谢超宗文才出众，孝武帝十分赏识，说："超宗很有些凤毛。"意思是继承了谢凤的文采。这话被右卫将军刘道隆听到了，道隆是个武人，听不懂皇帝的含义，又不懂得避讳，心想我从来没有见过凤凰的羽毛，这回可要开开眼界，便跑去拜访谢超宗，说："方才侍宴，至尊说您家有凤毛，能不能让我见识见识？"超宗听到家讳，来不及穿履，就奔入内室去了。刘道隆还以为他去拿凤毛，耐心坐等，直到天黑也不见超宗出来，只得回去。

图片授权
全景网
壹图网
中华图片库
林静文化摄影部

敬 启

本书图片的编选，参阅了一些网站和公共图库。由于联系上的困难，我们与部分入选图片的作者未能取得联系，谨致深深的歉意。敬请图片原作者见到本书后，及时与我们联系，以便我们按国家有关规定支付稿酬并赠送样书。

联系邮箱：932389463@qq.com

参考书目

1. 彭林．中国古代礼仪文明．北京：中华书局．2013
2. 顾涛．中国礼仪传承丛书．南京：南京大学出版社．2013
3. 高忠严．礼俗之道：中国古代的风俗礼仪．北京：希望出版社．2012
4. 王贵民．中国史话：礼俗史话．北京：社会科学文献出版社．2011
5. 王金玲，王艳府．图说礼仪．重庆：重庆出版社．2008
6. 彭林．中华传统礼仪读本．浙江：浙江文艺出版社．2008
7. 邢莉．图说中国诞生礼仪．北京：世界图书出版公司．2007
8. 吕建文．中国古代宴饮礼仪．北京：北京理工大学出版社．2007
9. 云中天．礼仪——永远的风景：中国民俗文化．南昌：百花洲文艺出版社．2006
10. 华强．古代典章礼仪百问．上海：上海古籍出版社．2004
11. 孙福喜．中国古代皇家礼仪．西安：陕西人民出版社．2004
12. 彭林．中国古代礼仪文明．北京：中华书局．2004
13. 顾希佳．礼仪与中国文化．北京：人民出版社．2001
14. 葛晨虹．中国古代的风俗礼仪．北京：希望出版社．1999
15. 朱筱新．中国古代的礼仪制度．北京：商务印书馆．1997

中国传统民俗文化丛书

一、古代人物系列（9本）
  1. 中国古代乞丐
  2. 中国古代道士
  3. 中国古代名帝
  4. 中国古代名将
  5. 中国古代名相
  6. 中国古代文人
  7. 中国古代高僧
  8. 中国古代太监
  9. 中国古代侠士

二、古代民俗系列（8本）
  1. 中国古代民俗
  2. 中国古代玩具
  3. 中国古代服饰
  4. 中国古代丧葬
  5. 中国古代节日
  6. 中国古代面具
  7. 中国古代祭祀
  8. 中国古代剪纸

三、古代收藏系列（16本）
  1. 中国古代金银器
  2. 中国古代漆器
  3. 中国古代藏书
  4. 中国古代石雕
  5. 中国古代雕刻
  6. 中国古代书法
  7. 中国古代木雕
  8. 中国古代玉器
  9. 中国古代青铜器
  10. 中国古代瓷器
  11. 中国古代钱币
  12. 中国古代酒具
  13. 中国古代家具
  14. 中国古代陶器
  15. 中国古代年画
  16. 中国古代砖雕

四、古代建筑系列（12本）
  1. 中国古代建筑
  2. 中国古代城墙
  3. 中国古代陵墓
  4. 中国古代砖瓦
  5. 中国古代桥梁
  6. 中国古塔
  7. 中国古镇
  8. 中国古代楼阁
  9. 中国古都
  10. 中国古代长城
  11. 中国古代宫殿
  12. 中国古代寺庙

五、古代科学技术系列（14本）
1. 中国古代科技
2. 中国古代农业
3. 中国古代水利
4. 中国古代医学
5. 中国古代版画
6. 中国古代养殖
7. 中国古代船舶
8. 中国古代兵器
9. 中国古代纺织与印染
10. 中国古代农具
11. 中国古代园艺
12. 中国古代天文历法
13. 中国古代印刷
14. 中国古代地理

六、古代政治经济制度系列（13本）
1. 中国古代经济
2. 中国古代科举
3. 中国古代邮驿
4. 中国古代赋税
5. 中国古代关隘
6. 中国古代交通
7. 中国古代商号
8. 中国古代官制
9. 中国古代航海
10. 中国古代贸易
11. 中国古代军队
12. 中国古代法律
13. 中国古代战争

七、古代文化系列（17本）
1. 中国古代婚姻
2. 中国古代武术
3. 中国古代城市
4. 中国古代教育
5. 中国古代家训
6. 中国古代书院
7. 中国古代典籍
8. 中国古代石窟
9. 中国古代战场
10. 中国古代礼仪
11. 中国古村落
12. 中国古代体育
13. 中国古代姓氏
14. 中国古代文房四宝
15. 中国古代饮食
16. 中国古代娱乐
17. 中国古代兵书

八、古代艺术系列（11本）
1. 中国古代艺术
2. 中国古代戏曲
3. 中国古代绘画
4. 中国古代音乐
5. 中国古代文学
6. 中国古代乐器
7. 中国古代刺绣
8. 中国古代碑刻
9. 中国古代舞蹈
10. 中国古代篆刻
11. 中国古代杂技